www.tredition.de

AF197518

Für Claudia

Karlheinz Moll

FATCA

Foreign Account Tax Compliance Act

Wenn der Fiskus zweimal klingelt

Das Buch

FATCA bzw. der Foreign Account Tax Compliance Act, hat es geschafft, von der ersten Gesetzesinitiative in 2009 bis zum Starttermin im Juli 2014, die Finanzwelt wie auch die Politik rund um den Globus zu beschäftigen. Es ist kein Zufall, dass eine derartige, weltumspannende Initiative in der Zeit der weltweiten Finanzkrise verwirklicht wurde.

Das Buch widmet sich der Entstehungsgeschichte von FATCA. Der Autor blickt dabei weit zurück in die Geschichte der Steuergesetzgebung und steuerlichen Regulierung der USA.

An einigen historischen, teils unterhaltsamen Beispielen werden Entwicklungen aus dem U.S. Steueruniversum aufgezeigt, die letztlich zu FATCA geführt haben mögen.

Im weiteren Verlauf erläutert das Buch die Evolution der FATCA Implementierung vom Gesetzestext des U.S. Kongresses bis zu den Umsetzungsrichtlinien bei Finanzinstituten rund um den Globus auf und geht dabei auch auf die Hürden ein, die es zu nehmen galt, um die Initiative letztlich gelebte Realität werden zu lassen.

Das Buch versteht sich sowohl als Nachlese für Alle aus dem Finanzuniversum, die sich in den letzten 5 Jahren mit FATCA beschäftigen durften, wie auch als allgemeines Geschichts- und Unterhaltungsbuch in amerikanischen Steuerangelegenheiten.

Der Autor

Karlheinz Moll, Jahrgang 1966, arbeitet seit 1991 in der internationalen Finanzbranche. Bis 2006 war Herr Moll bei amerikanischen, schweizerischen und deutschen Instituten im operativen Bankgeschäft tätig. Seit 2006 berät und begleitet er freiberuflich Finanzinstitute bei operativen Themen, insbesondere bei der Umsetzung regulatorischer und gesetzlicher Anforderungen. Er hält regelmäßig Vorträge zu U.S. Steuerthemen auf internationalen Fachkonferenzen und führt fachliche Workshops und Schulung durch.

© 2014 Karlheinz Moll

Umschlag, Illustration: Karlheinz Moll

Verlag: tredition GmbH, Hamburg

ISBN

Paperback   978-3-7323-0873-6

Hardcover   978-3-7323-0874-3

e-Book   978-3-7323-0875-0

Printed in Germany

Vorwort

FATCA! Das klingt irgendwie orientalisch, fremd, anmutend. Wer das hinter FATCA vermutet, ist entweder nicht aus der Finanzbranche oder, wenn doch, dann zumindest schon weit fortgeschritten in der geistigen Verdrängung.

Somit ist das erste Mysterium schon geklärt; es geht um die Finanzbranche und, wie der Titel **F**oreign **A**ccount **T**ax **C**ompliance **A**ct vermuten lässt, um Steuern.

Auch wenn es sich wie ein Märchen aus 1001 Nacht anhö. mag, FATCA hat erst vor wenigen Jahren das Licht der Welt erblickt, seit dem aber die Finanzbranche rund um den Globus in Atem gehalten.

Aus dem kleinen Pflänzchen des amerikanischen Steuer- und Verwaltungsrechts, manche würden es als Unkraut bezeichnen, ist inzwischen ein globales Saatgut für Datenaustausch und Zentrum steuerlicher Transparenz geworden, und das alles ohne NSA und, so abwegig das klingen mag, sogar mehr oder weniger freiwillig.

In diesem Buch soll es um die Entstehungsgeschichte von FATCA gehen sowie der Frage nachgehen, wie wir dahin gekommen sind wo wir jetzt hingehen.

Als Einstieg schauen wir uns die Steuersituation in den Vereinigten Staaten von Amerika etwas genauer an und gehen der Frage nach, warum und wann man in den USA steuerpflichtig wird.

In Teil I schwelgen wir ein wenig in der Vergangenheit, um an einigen prominenten und nicht minder berüchtigten Beispielen aus den letzten hundert Jahren der Steuerstrafverfolgung in den USA. Wie Sie bereits sehen, holen wir etwas weiter aus um aufzuzeigen, wie auf juristischer, fiskalischer und politischer Ebene der Boden genährt wurde, aus dem letztlich die Saat für FATCA aufgehen konnte.

Teil II widmet sich dann ganz dem Werdegang von FATCA von den ersten Vorstößen des U.S. Senats in 2009 und dem Gesetzesbeschluss in 2010 über den mühsamen Weg durch unzählige Publikationen und Eingaben um FATCA auch irgendwie praktikabel und umsetzbar zu machen, koste es was es wolle, bis hin zum, mehrfach verschobenen, Einführungstermin am 01. Juli 2014.

Teil III zeigt zum Abschluss, welche Auswirkungen, manche erwartet oder erhofft; andere eher überraschend oder befürchtet, FATCA rund um den Globus, auch in den USA, mit sich gebracht hat und wagt einen kleinen Ausblick, wie es in nächster Zeit mit FATCA und seinen Abkömmlingen weiter gehen könnte.

Ein Glossar am Ende des Buches rundet die Geschichte ab, um zwischendrin mit den Begrifflichkeiten vertraut zu werden, oder um im Nachgang immer mal wieder nachzuschlagen, was es denn mit den neuen, vom Erfindungsgeist überquellenden Wortschöpfungen auf sich hat.

Für den geneigten Leser sind Vorkenntnisse aus der Finanzwelt nicht wirklich erforderlich. Wer sich selbst nach mehrmaligem Lesen auf manche Begriffe oder Zusammenhänge keinen Reim machen kann, machen Sie sich nichts draus; da sind Sie in guter Gesellschaft.

Nun wünsche ich Ihnen viel Spaß bei der Lektüre.

Einführung

Die USA und ihre Steuern

1. Ausnahmezustand

Die Vereinigten Staaten von Amerika, oder kurz USA gelten weithin als das Land der unbegrenzten Möglichkeiten, in vielerlei Hinsicht, und rühmen sich gerne ihres, Alexis de Tocqueville zugesprochenen Ausnahmestatus, also dem ´American Exceptionalism´ der bei kraftstrotzenden Wahlkampfreden gerne in den Raum gestellt wird, auch wenn Tocqueville die Sonderstellung der USA mit den besonderen Rahmenbedingungen der Eroberung und der Besiedelung der USA ab 1492 anders interpretiert bzw. begründet haben mag, als mit einer Sonderstellung des Landes selbst und dessen Bevölkerung gegenüber anderen Ländern und Völkern.

Diesen Sonderstatus, ob nun vermeintlich oder tatsächlich, spiegelt sich bisweilen auch in der Besteuerung wieder.

Die USA sind neben einer weiteren aufstrebenden Nation, Sie werden es vielleicht erraten haben, Eritrea, so ziemlich das einzige Land, in dem Einkünfte und Einkommen nicht nur nach der Ansässigkeit besteuert werden, sondern auch nach der Nationalität. In den USA wurde da zur Zeit des amerikanischen Bürgerkrieges gesetzlich verankert.

Manche werden nun denken, dass es ja nicht schlimm ist, wenn man als U.S. Staatsbürger in den USA auch voll besteuert wird, erst recht, wenn man auch dort wohnt. Nun ist es allerdings so, dass man auch U.S. Staatsbürger sein kann ohne jemals in den USA gelebt zu haben. Da können dann schon erste berechtigte Zweifel aufkommen. Aber der Reihe nach.

Das U.S. Steuergesetz, vor gut 100 Jahren mit dem United States Revenue Act of 1913 eingeführt, ist heute unter dem Begriff Internal Revenue Code (IRC) geläufig. Die letzte größere Überarbeitung des IRC fand 1986 statt, weswegen in der U.S. Literatur auch oft vom Internal Revenue Code of 1986 gesprochen wird[1].

Die etwas rüstigeren Semester unter uns werden sich erinnern, dass damals im Jahre 1986 die Welt noch in die praktikablen Regionen ´der Westen´ und ´der Ostblock´ eingeteilt wurde und die heutige globalisierte Welt sich damals wie Science Fiction angehört hätte. Gut 30 Jahre später ist die Welt gefühlt kleiner und flacher

---

[1] Quelle: Der Verweis auf den kompletten IRC findet sich unter http://www.irs.gov/Tax-Professionals/Tax-Code,-Regulations-and-Official-Guidance

geworden. Die Steuergesetze aus der Zeit, als Rambo noch den Dschungel unsicher machte, gelten aber größtenteils bis heute.

Unablässig wird nun somit seit der Zähmung des Wilden Westens an dem Jahrhundertwerk weiter geschrieben, manchmal was herausgenommen, meist etwas hinzugefügt und ausformuliert, so dass der IRC bis heute auf fast 80.000 Seiten angewachsen ist. Die USA kann also gut mithalten im Vergleich zu den über 300 Steuergesetzen und geschätzten 100.000 steuerlichen Verordnungen in Deutschland.

2. Freies Unternehmertum

I n den USA unterliegt man, wie in so vielen anderen Ländern, einem vollumfänglichen Welteinkünfte-Prinzip. Das
heißt, unterliegt man der U.S. Steuerpflicht, so betrifft dies
alle Einkünfte, die weltweit erzielt werden, bis zum Tod und darüber hinaus.

Das gilt erst recht für Unternehmen. Von den aktuell 33 Ländern
der Organisation für wirtschaftliche Zusammenarbeit und Entwicklung (OECD) haben derzeit 28 ein sogenanntes territoriales Steuersystem, wo auf Unternehmensgewinne nur dort eine Steuer anfällt,
wo auch der Ertrag angefallen ist.

In den letzten 25 Jahren gab es sogar zwei Länder, Finnland und
Neuseeland, die zeitlich kurz zu einem Welteinkünfte-Prinzip ge-
wechselt haben, um fast genauso schnell wieder auf das territoriale
System zurück zu wechseln[2]. So weit, so entzweit.

---

[2] Quelle: Eine Analyse des weltweiten Steuersystems, insbesondere der Abgrenzung eines weltweiten Steuersystems zu einem territorialen wurde durch PricewaterhouseCoopers im Artikel ´Evolution of Territorial Tax Systems in the OECD´ publiziert.

Welche Auswirkungen das hat können wir der lokalen Presse seit einiger Zeit entnehmen, wenn sich U.S. Firmen einem ganzen Zauberkasten an, sicherlich legalen, Tricks bedienen, um ja nicht in den USA Steuern bezahlen zu müssen.

U.S. Firmen ziehen es lieber vor, Geld aus deren Auslandsgeschäft auch im Ausland verweilen zu lassen, geographisch nicht selten in steuerlichen Erholungsgebieten vor der Küste der USA, als es Uncle Sam zukommen zu lassen. Verwandtschaft hat ja bekanntlich auch seine Grenzen. Ende 2013 sollen es gut 1.5 Billionen U.S. Dollar gewesen sein.

Werden U.S. Unternehmensgewinne nicht in die USA überführt, müssen auch keine U.S. Steuern abgeführt werden, zumindest solange wie eine Rückführung des Geldes in die USA stattfindet, also erst einmal nur aufgeschoben. Es ist nur verständlich, wenn U.S. Firmen ihr Verdientes lieber in meist sonnigen Gefilden verweilen lassen und von dort wieder reinvestieren.

Da es in diesem Buch um FATCA geht, verlieren wir uns jetzt aber nicht zu tief im Gestrüpp der legalen Steuergestaltung rund um den Globus, von denen multinationale Konzerne so gerne Gebrauch machen.

Das U.S. Steuersystem zählt auf die Steuerehrlichkeit ihrer inzwischen auf zirka. 150 Millionen angewachsenen, steuerpflichtigen Schäfchen, auf welcher Weide sie auch gerade grasen mögen. Die Abgabe einer Steuererklärung geht von einer Freiwilligkeit der Steuerzahler aus, die Strafen bei Versäumnis, abschreckend hoch wie unangemessen, dienen dabei als besonderer Motivationsschub.

U.S. Steuerpflichtige, ob nun Individualpersonen oder Firmen, werden allgemein als U.S. Personen bezeichnet. Unter FATCA wurde der Begriff U.S. Personen dann noch weiter granuliert zu ´spezifizierte U.S. Personen´.

Im Weiteren verbleiben wir aber bei dem einfacheren Gleichnis U.S. Person = Person oder Firma, die in den USA steuerpflichtig ist, was zumindest mit der Verpflichtung einhergeht, in den USA eine Steuererklärung abgeben zu müssen. Es ist auch ohne diese Details schon kompliziert genug

3.   U.S. Personen

oder

wie man U.S. Steuerzahler wird

Ein paar besondere Gruppen dieser U.S. Personen wollen wir uns einmal genauer ansehen. Es sind diese U.S. Personen, die sich der vollen Aufmerksamkeit der U.S. Steuerbehörden sicher sein dürfen, vor allem wenn es zwischen der U.S. Steuerbehörde und dem (vermeintlichen) U.S. Steuerzahler unterschiedliche Sichtweisen zum Status als U.S. Person bestehen.

3.1   Wohnsitz USA

Wie in den meisten Ländern dieser Welt ist man dort primär steuerpflichtig, wo man seinen ständigen Wohnsitz unterhält, es gilt also das Ansässigkeitsprinzip. Was aber heißt ansässig?

Im Falle der USA gilt das einmal für jemanden, der dauerhaft in den USA lebt, entweder weil er U.S. Staatsbürger ist oder eine dauerhafte Aufenthaltserlaubnis (Green Card) in Händen hält. Zur Green Card gleich mehr dazu.

Mit bestimmten Visa darf man sich auch länger in den USA aufhalten, muss man aber nicht. Abhängig von der Art des Visums greift auch die Steuerpflicht, meist wenn das Visum in Verbindung mit einer Beschäftigung und somit steuerbaren Einkünften steht.

3.2   Green Card

Recht spannend wird es mit dem Diversity Visa (DV), auch unter dem Begriff Green Card bekannt, obwohl die auch als Permanent Resident Card bekannte, dauerhafte Aufenthalts- und eine damit verbundene Arbeitserlaubnis längst nicht mehr Grün ist.

Zu manchen Zeiten wurde die Green Card gerade zu einer Fluchtwährung, vor allem in manchen Krisenregionen. So gehört heute der Libanon Gerüchten zufolge mit zu den Ländern mit der höchsten Dichte an Menschen mit einer Green Card im Verhältnis zur Gesamtbevölkerung.

Die Green Card, die den meisten Amerikanern oft gar nicht bekannt ist, Einwanderung ist dort aktuell eher negativ mit Illegalität belegt, wird nicht nur auf Antrag vergeben, sondern sogar verlost in der sogenannten Green Card Lottery. Mit Glückspiel am einarmigen Banditen in Las Vegas hat das allerdings wenig zu tun, auch wenn wir auf Las Vegas und Banditen noch zu sprechen kommen.

Die USA vergibt zur Diversifizierung Ihrer Bevölkerung jährlich ca. 55000 Green Cards, die über eine Lotterie lanciert werden. Die Lotterie wurde mit dem Immigration Act of 1990 eingeführt.

Mitmachen können bei der Visa Lotterie fast alle, sofern man in einem Land lebt, das dem Anspruch und dem Ziel der Diversität der U.S. Bevölkerungsentwicklung entgegen kommt. Für diese Länder gibt es jährlich festgelegte Quoten, je nach dem diese bereits in den USA, statistisch gesehen, proportional vertreten sind. So sind beispielsweise das Vereinigte Königreich, Südkorea oder Mexico von der Lotterie ausgenommen[3].

Gehört man zu den ‚Gewinnern' und hat die gesamte Prozedur von der ärztlichen Untersuchung, streng nach überlieferten puritanischen Vorschriften, bis zum Interview in den Katakomben des örtlichen Konsulats über sich ergehen lassen und ist auch bei ersten Einreise mit dem Visum irgendwie an den Einwanderungsbeamten vorbeigekommen, ohne gleich übermäßigen Verdacht zu erregen, auf den wartet das vormals gelobte Land, irgendwo zwischen Freiheitsstatue und Hollywood oder zwischen Mexico und Canada.

---

[3] Quelle: Umfangreiche Informationen zur Green Card Lotterie findet sich unter: Diversity Immigrant Visa Program, U.S. Department of State Foreign Affairs Manual Volume 9

Spätestens nach einem Jahr erwartet einen dann auch der erste Aufruf zur Abgabe der Steuererklärung. Die Abgabe der Steuererklärung in den USA ist generell der 15. April. Dieses Datum ist in das amerikanische Gedächtnis ähnlich stark eingeprägt wie Thanksgiving oder der Geburtstag der Schwiegermutter. Wer die Strafen für eine Nichtabgabe einer Steuererklärung kennt, versteht worum es geht.

Und jetzt der Clou; die Green Card kommt mit einem Bonus. Die Verpflichtung zur Abgabe einer Steuererklärung besteht auch, wenn man gar nicht in den USA lebt. Spätestens jetzt fühlt sich vielleicht der eine oder andere Leser kalt erwischt, der noch eine Green Card in der Schublade hat, ohne je in den USA gelebt zu haben.

In den letzten Jahrzehnten ist es abseits der Entwicklungsländer nicht unüblich geworden, die ´gewonnene´ Green Card aufzubewahren, als Notanker für schwere Zeiten. Früher hätte man vielleicht gesagt ´Falls der Russe kommt...´, aber das war eine andere Zeit, obwohl bei der aktuellen Nachrichtenlage…, aber wir wollen nicht abschweifen.

Wer dann mit der Green Card nichts ahnend in die USA reist, kann beim nicht immer bestens gelaunten Einwanderungsbeamten bei der Einreise durchaus nach der letzten Steuererklärung befragt werden. Dann wird einem richtig warm ums Herz. Es gilt die Unschuldsvermutung!

Wer die Green Card schon länger im Schrank hat und bislang keine Anstalten gemacht hat, in die USA zu ziehen, mag schnell den Eindruck gewinnen, dass sich das Thema nach 10 Jahren erledigt hat, zumindest wenn man nach dem Ablaufdatum auf der Green Card gehen würde. Aber weit gefehlt. Es heißt ja nichts umsonst 'Permanent Resident Card'.

Die Karte muss zwar nach 10 Jahren erneuert werden, ähnlich einem Reisepass oder Personalausweis, der Status bleibt aber unverändert und so bleibt man dem U.S. Fiskus weiterhin als zahlungspflichtiges Mitglied erhalten.

4. U.S. Staatsbürger

oder

wie man Amerikaner wird (und damit auch Steuerzahler)

D ie Möglichkeiten U.S. Staatsbürger zu werden sind überschaubar außer man schaut etwas genauer hin. Das erklärt, warum es weltweit zehntausende, wenn nicht gar einige hunderttausend Erdenbürger außerhalb den USA geben mag, die sich zwar nicht als Amerikaner sehen oder sich als solche fühlen, gegenüber dem U.S. Fiskus aber doch als solche gelten.

In der Umgangssprache nennt man U.S. Staatsbürger, die sich weder ihres Status noch deren daraus ergebenden Pflichten bewusst sind, 'Zufällige Amerikaner'. Im amerikanischen wird das treffender 'Accidental American' genannt. Ob man den Umstand der Geburt am Ende einer vergnüglichen aber flüchtigen Bekanntschaft mit neunmonatiger Nachwirkung als Unfall bezeichnen kann ist aber eher spekulativ.

Spätestens bei Erhalt eines Erinnerungsschreibens der amerikanischen Steuerbehörde IRS zur fehlenden Steuererklärung, gerne mit Ankündigung nicht nachvollziehbarer, dafür aber astronomisch hohen Strafzahlungsankündigungen hat man aber das Gefühl, gerade von einem 40-Tonner überrollt zu werden.

4.1   Geburtsort USA

Wer in den USA geboren wurde, ist fast zwangsläufig ein U.S. Staatsbürger.

Wer schon einmal in einem Flugzeug mit einer schwangeren Frau und deren besorgten Mann aus diesem oder jenem Land saß, bangend ob der Flieger auch rechtzeitig auf U.S. Territorium landen wird, bekommt ein Gefühl dafür, welche Bedeutung die Aussicht auf eine U.S. Staatsbürgerschaft an mancher Stelle immer noch ausüben kann. Wobei es sich dabei ein bisschen verhält wie bei dem Sprichwort ´Vater werden ist nicht schwer...´.

Mit den Rechten der Geburt kommen leider auch Pflichten, besonders die der Steuerpflicht, weswegen manche wiederum auch ganz froh sind, dass Sie zwar in den USA geboren sind, nicht aber auf U.S. Territorium, nicht zu verwechseln mit U.S. Territorien, da gelten wieder andere Regeln.

Dies ist dann der Fall, wenn Sie z.B. in den Hallen der Vereinten Nationen das Licht der Welt erblickt haben, aus welchem Grund auch immer. In diesem, zugegeben Ausnahmefall, ist man dann extraterritorial geboren und eben kein U.S. Staatsbürger. Ähnlich verhält es sich, wenn die Eltern sich zur Zeit der Geburt in diplomatischer Mission in den USA aufgehalten haben.

4.2   U.S. Territorien

Etwas komplexer wird es, wenn man zwar auf U.S. Territorium, nicht aber direkt in den USA geboren wurde. Aus der Sturm- und Drangzeit der USA gibt es einige Territorien rund um den Globus, die zwar irgendwie zu den USA gehören, aber teils mit unterschiedlichen Rechten und Pflichten belegt sind und, Sie werden es erraten, sich auch auf die Steuerverpflichtungen auswirken.

Zu den U.S. Territorien gehören in der Karibik Navassa Island, Puerto Rico und die U.S. Virgin Islands. Im pazifischen Raum gehören bekanntere Fleckchen wie Guam und American Samoa dazu, aber auch weniger Bekanntes wie die Inseln Baker, Howland, Jarvis und die Northern Mariana Island, die Atolle Johnston, Wake und Midway sowie das Kingman Reef.

Die Territorien Northern Mariana Islands und Puerto Rico haben sogenannten Commonwealth Status, beruhen also auf einer vertraglichen Beziehung mit den USA, während die Anderen vielfach auf Gewohnheitsrecht fußen.

Die Zugehörigkeit zu den USA ist dabei ebenso vielfältig wie die daraus resultierende steuerliche Auswirkung. So sind z.B. Bewohner von American Samoa sogenannt U.S. Nationals, aber keine U.S. Staatsbürger, wodurch sich deren Bewohner in den USA einer unbefristeten Aufenthaltserlaubnis, ganz ohne Green Card erfreuen dürfen, allerdings in den USA nicht wählen dürfen, irgendwo muss es ja auch gut sein.

Steuerlich hat das auch entsprechende Auswirkungen. Guam, The Northern Mariana Islands und die U.S. Virgin Islands 'spiegeln' das U.S. Steuersystem, es gilt also auch das aktuelle U.S. Steuergesetz, eben besagter Internal Revenue Code of 1986, die Steuererklärung wird aber nur im jeweiligen Territorium abgegeben.

Die anderen Territorien haben ihre eigenen Steuergesetzgebungen, so dass Bewohner von Puerto Rico oder American Samoa in manchen Fällen zusätzlich eine U.S. Steuererklärung abgeben müssen, ohne jemals ein den USA gewesen zu sein.

U.S. Staatsbürger im Umkehrschluss, die die USA hinter sich lassen, und sich in einem U.S. Territorium niederlassen, verlieren weder Ihre U.S. Staatsangehörigkeit noch ihre Verpflichtung auch auf den entferntesten Atollen eine U.S. Steuererklärung einreichen zu müssen. Paradies mit Nebenwirkungen sozusagen[4].

---

[4] Quelle Der U.S. Senat hat sich 2012 ausführlich zur Besteuerungssituation in den U.S. Territorien berichten lassen: Federal Tax Law and Issues Related to the United States Territories; Scheduled for a Public Hearing before the Senate Committee on Finance on May 15, 2012 – JCY-41-12

4.3   Geburtsort im ´Ausland´

Wer im Ausland geboren wurde, wobei alle Länder außerhalb der USA in den USA zur Vereinfachung global unter dem Begriff ´Rest der Welt´ zusammengefasst werden, muss nicht zwangsläufig auf eine U.S. Staatsbürgerschaft qua Geburt verzichten.

Wenn ein Elternteil ein U.S. Staatsbürger ist und auch wenn sich der neue Erdenbürger bei der Geburt außerhalb der USA aufhält, dann kann er bzw. sie dennoch U.S. Staatsbürger sein, oder durch einen Besuch beim Konsulat werden.

Es kann einem also gut passieren, dass man als Erwachsener vom damals alleinerziehenden Elternteil, soviel Modernität muss erlaubt sein, auf dem Sterbebett offenbart bekommt, das Ergebnis einer flüchtigen Liaison mit einem GI, sie wissen schon…Nachkriegszeit, Elvis, usw...zu sein, und damit quasi über Nacht zum U.S. Staatsbürger wird.

Denkt man sich nun ´toll´ und zieht dann voller Begeisterung in die USA, kann es auch hier bei den Einreiseformalitäten passieren, dass nach den bisherigen U.S. Steuererklärungen gefragt wird. Spätestens dann sieht man den Begriff Kuckucksei wieder in einem anderen Licht.

5.   U.S. Steuerzahler im Ausland

D er Hintergrund zum U.S. Status und zur U.S. Steuerpflicht gibt einen ersten Einblick in die Geschichte, die
uns schließlich auf verschlungenen Wegen zu FATCA
führen wird. In Zahlen ausgedrückt leben nach Schätzungen der
USA ca. 7 bis 10 Millionen U.S. Steuerpflichtige in Ländern aus der
Rubrik 'Rest der Welt', also außerhalb der USA.

Eine genaue Zahl weiß niemand, weswegen auch die Schätzung
sehr grob ausfällt, da es in den USA keine Meldebehörde gibt und
die technische Vernetzung zwischen Finanz- und Einwanderungs-
behörde eher als rudimentär bezeichnet werden kann.

Daten abzugreifen und zu sammeln ist eben nicht vergleichbar
mit der Fähigkeit, Daten auch logisch miteinander in Verbindung zu
bringen und dann etwas Sinnvolles und Brauchbares daraus ableiten
zu können. Das ist aber eine andere Geschichte.

6. Steuerrecht für Jedermann

Zumindest bis 1927 gab es auch schon Möglichkeiten, Einkünfte zu erzielen, ohne dass diese in einer Steuererklärung deklariert werden müssten, was gerade dann einen gewissen Charme hatte, wenn die Einkünfte illegal erzielt wurden.

Der oberste Gerichtshof (Supreme Court) unter dem Vorsitz von Justice Oliver Wendell Holmes, Jr. hatte damals im Verfahren gegen den Alkoholschmuggler Manley Sullivan allerdings entschieden, dass das Steuerrecht in Reinkultur nicht danach fragt, ob Einkünfte rechtmäßig erzielt wurden oder eben illegal, Hauptsache es wird Einkommensteuer darauf gezahlt[5].

Somit konnte man ab 1927 in der Steuererklärung zu wenige Einkünfte angegeben zu haben nicht mehr dadurch entschuldigen, dass diese ungesetzlich erzielt wurden. Diese neue Rechtsprechung hatte aber nicht nur Nachteile. Wer also künftig illegalen Aktivitä-

---

[5] Quelle: Im Fall ´United States gegen Manley Sullivan hatte der U.S. Supreme Court den 5. Verfassungszusatz so ausgelegt, dass Gewinne aus illegalem Alkoholschmuggel der Einkommensteuer unterliegen. Details zur Rechtsprechung findet sich unter:
https://supreme.justia.com/cases/federal/us/274/259/

ten nachging, musste die Einkünfte daraus zwar in der Steuererklärung angeben, durfte aber auch Kosten zur Erwerbserbringung dagegen aufrechnen.

Ob die Anschaffungskosten einer Maschinenpistole zur Prohibitionszeit auch als Werbungskosten bei der Erzielung von Einkünften aus Alkoholschmuggel und zugehörigem Bandenkrieg angerechnet werden durfte, ist leider nicht überliefert. Überliefert ist aber sehr wohl, wie dieser Passus zur Auslegung des 5. Nachtrages (Amendment) zur Verfassung letztlich einem bekannten Einwohner von Chicago zum Verhängnis wurde, davon gleich mehr im folgenden Teil I.

7.   So nah und doch so fern

Neben dem föderalen gibt es in den USA auch ein bundesstaatliches Steuerrecht, wo jeder 'State' die Möglichkeit hat, eigene Steuergesetze zu erlassen. Hier verhalten sich die U.S. Bundesstaaten dann auch nicht anders als die Kantone in der Schweiz; es herrscht ein Wettbewerb um den Steuerzahler, besonders für Firmen. Angebot und Nachfrage des freien Marktes sorgen für kreatives Gesellschaftsrecht und zielgruppengerechte steuerliche Regelungen.

Wenn die U.S. Steuerbehörden an Steueroasen denken, fallen Einem, wie der Begriff 'Oase' schon vermuten lässt, Eilande und Enklaven rund um den Globus ein, zu einzelnen dieser illustren Plätze gehen wir noch gezielter ein. Hier soll es aber erst einmal um eine Insel inmitten der USA gehen, nein, nicht Hawaii oder eine abgelegene Insel vor Alaska, von wo aus Sarah Palin bisweilen nach Russland blicken konnte, sondern der kleine Staat Delaware an der Ostküste der USA.

Grund für die Beliebtheit von Delaware sind gern genutzte Aspekte des U.S. Steuer- und Unternehmensrechts. Auch wieder so ein Ausnahmezustand.

Der kleine, unscheinbare Staat, Spitzname ´The First State´, steht wie ein Synonym dafür, welche Möglichkeiten der Steueroptimierung das U.S .Steuerrecht einräumt.

Delaware ist der zweitkleinste Staat der USA, hat knapp 900000 Einwohner und schafft es dennoch, dass gut 1 Million. Unternehmen zumindest juristisch dort ansässig sind. Auf jeden Fall macht es Sinn, sich die vermeintliche Steueroase USA am Beispiel von Delaware einmal genauer anzusehen.

Auf den ersten Blick ist Delaware nicht zwingend steuerlich attraktiv. Der Steuersatz für Unternehmensgewinne beträgt 8.7%. Wer jetzt an paradiesische Zustände denkt, muss berücksichtigen, dass diese 8.7% zu den 35% Spitzensteuersatz auf Bundesebene hinzukommen.

Also erst einmal nicht wirklich verlockend. Interessant wird es allerdings bei der Betrachtung der Steuerfreiheit auf passive Erträge wie Lizenzen, Patente oder Urheberrechte. Da fallen dem weltgewandten Leser sicherlich sofort einige globale Unternehmen, ob

nun im Technologie-, Kaffee oder Restaurantsektor ein, wo Lizenzgebühren auf Marken, z.B. im Franchiseverfahren, einen erhebli-
chen Teil der Firmengewinne bedeuten können. Wenn diese nun in
einem U.S. Bundesstaat mit einer Steuer belegt werden, in Delaware aber nicht, dann gewinnt das Unternehmen doppelt.

In Delaware werden diese Einkünfte zumindest auf der Ebene
des Bundesstaates steuerfrei vereinnahmt, hingegen im Bundesstaat,
wo die Lizenzen anfallen, beispielsweise der Kaffeeröster um die
Ecke in New York, sind die Lizenzgebühren dann Betriebsausga-
ben. So spart man zweimal[6].

Das Hauptargument der Befürworter des Systems Delaware ist
Rechtssicherheit. Hier verweisen Volksvertreter aus Delaware gerne
auf das 'Court of Chancery', eine zweite juristische, ursprünglich
britische Instanz, aus der Zeit vor der Amerikanischen Revolution,
neben dem damaligen 'Court of General Jurisdiction', was wieder
zeigt, dass es auch Erfindungen der `Red Coats´ (Rotröcke) gibt, die
man gerne im heute so gern genannten Land der Freien ('Land of
the Free´) noch weiter hegt und pflegt.

---

[6] Quelle: Die Neue Zürcher Zeitung berichtet seit vielen Jahren zur U.S. Steuerthematik und geht
dabei immer mit sehr neutraler Sicht auf die Dinge zu. So auch im Fall mit der vermeintlichen Steueroase Delaware: Neue Zürcher Zeitung vom 22. März 2013: Steueroase in den USA? Delaware kämpft
um seinen Ruf

Nach der Erlangung der Unabhängigkeit haben die meisten Staaten den Court of Chancery um 1792 abgeschafft. In Delaware ergab es sich aber, dass ein paar Pöstchen mehr zu vergeben waren. Um weiteren Streit zu vermeiden, hat man dieses Gericht dann weitergeführt. Eben dieses Gericht erhebt bei jeder Firmengründung eine ´Mitgliedsgebühr´, Rechtssicherheit muss ja nicht umsonst sein.

Die Einnahmen aus diesem ´Vereinsbeitrag´ belaufen sich dann schon mal auf gute USD 900 Millionen. im Jahr und damit beeindruckende 25% der Staatseinnahmen von Delaware[7]

Dabei sind die Gebühren für eine Firmengründung in Delaware durchaus bezahlbar. Für knapp USD 90 kann man schon stolzer Geschäftsführer einer Limited Liability Company (LLC) werden, ohne Geschäftsplan, ohne sonstige Zulassung, einfach so. Unternehmenszweck der Gesellschaft ist dann meist die Vereinnahmung passiver, und damit steuerfreier, Erträge aus einem Unternehmen bzw. einer Gesellschaft, auch bekannt als Passive Investment Company (PIC). Wir würden uns wahrscheinlich auch alle wundern, wie viel Lizenzgebühr in einer Tasse Kaffee stecken können.

---

[7] Quelle: Auch die Schweizer Zeitschrift Schweizer Bank hat sich der Steuersituation von Delaware ausführlich gewidmet: Schweizer Bank vom 23. Mai 2013: Delaware ist keine Steueroase.

Bekannt, manche würden sagen berüchtigt, ist die Adresse 1209 North Orange Street im malerischen Örtchen Wilmington, Delaware. In besagtem Haus in der 70.000 Seelengemeinde sind gut 250.000 Firmen gemeldet[8], obwohl 'gemeldet' in einem Land ohne Einwohnermeldebehörde vielleicht etwas deplatziert klingt.

Obwohl prominenten Firmen aus dem S&P 500 in reichlicher Anzahl unter dieser Adresse vertreten sind, gibt es in diesem Gebäude aber kaum Räume, dafür umso mehr Briefkästen.

Stellen Sie sich vor, Sie wären in dem Viertel Briefträger und der Postverkehr würde nicht überwiegend elektronisch abgewickelt werden. Die Fahrzeit als Postbote wäre zwar sehr kurz, die Verweildauer vor Ort mit der einen oder anderen Wagenladung an Zustellpost würde aber problemlos den Tag füllen.

Hier hat die 'CT Corporation' ihren Sitz, deren Hauptaktivität es ist, das Geschäft der Registrierung einer LLC in eben welchem Haus zu betreiben. CT steht für Christiana Trust und der war in den Sechzigern des letzten Jahrhunderts der Präzedenzfall, manche würden sagen Glücksfall, für die völlig legalen Möglichkeiten eines

---

[8] Quelle: Auch in der deutschen Presse gibt es ab und an Artikel zur Steuersituation in den USA, wenn auch die Anzahl der Veröffentlichungen in keinem Verhältnis zu denen aus der Schweiz stehen. Zeit Online vom 03. Mai 2013: Delaware, Liebling der Weltkonzerne

Unternehmens, passive Vermögenswerte und Erträge vor allzu hohem Zugriff der Steuerbehörden zu entziehen.

Eine Firma in Delaware zu gründen ist einfacher kaum zu gestalten. Kanzleien in Delaware werben damit, eine Firma mit beschränkter Haftung bzw. eine LLC binnen einer Stunde gegründet zu haben. Die Eintragung eines Firmennamens und Angabe von einer Kontaktperson in Delaware reichen demnach aus, alles andere würde ja zu sehr in die Persönlichkeitsrechte mehr oder weniger rechtsschaffender Unternehmer eingreifen. Und wer will schon Böses hinter einer Firmengründung vermuten?

Auf jeden Fall hat sich die Unterorganisation der Organisation für wirtschaftliche Zusammenarbeit und Entwicklung (OECD), die Financial Action Task Force (FATF) in der Vergangenheit immer wieder mit Steueroasen beschäftigt[9]. Dort findet sich Delaware oder auch Nevada, noch so ein U.S. Bundesstaat mit lockeren Umgang bei Firmengründungen, auch gern einmal in illustrer Gesellschaft von Ländern, die im Verruf stehen, durch mangelnde Dokumentation von wirtschaftlich Berechtigten kriminelle Energie wie der Geldwäsche oder eben der Steuerhinterziehung zumindest indirekt

---

[9] Quelle: FATF Summary of the 3rd mutual evaluation Report on anti-money laundering and combating the financing of Terrorism, 23. June 2006

zu tolerieren. Das ist aber eine andere Geschichte. Es gilt weiterhin die Unschuldsvermutung!

Als Fazit kann man den USA an mancher Stelle zumindest einen lockeren Umgang mit der Identifizierung und Dokumentation von tatsächlichen Anteilseignern und wirtschaftlich Berechtigten von Delaware LLC Gesellschaften ankreiden, unabhängig davon, ob es sich nun um U.S. Personen geht, die kein Problem mit einer Offenlegung haben, ob es um ausländische Nicht-U.S. Personen geht, die sich lieber einer niedrigeren U.S. Steuer unterwerfen, als in deren Heimatland wesentlich höhere Abgaben zu erwarten haben oder ob es sich um etwas schattigere Gewächse aus dem In- und Ausland geht, die über eine Delaware LLC in den USA ein Konto eröffnen können, ohne eine Entdeckung oder Offenlegung befürchten zu müssen[10].

Als legales Vehikel zur Steuervermeidung oder Steueroptimierung dient es aber primär innerhalb der USA selbst, vor allem wenn ein Unternehmen in mehreren U.S. Staaten aktiv ist.

Warum der U.S. Staatsbürger, der noch nie einen Fuß auf U.S. Boden gestellt hat oder ein Besitzer der Green Card, der im Ausland

---

[10] Quelle: The hidden cost of offshore tax havens; Seite 7, U.S. PIRG Education Fund, Januar 2013

wohnt unter die U.S. Besteuerung fallen während eine Delaware Gesellschaft inmitten der USA vom fiskalischen Radar gerne mal ausgeblendet wird, mag verwundern, sollte aber nicht sonderlich überraschen.

Damit haben wir nun die ersten Erkenntnisse gewonnen und somit die erste Hürde genommen. FATCA hat schon mal etwas mit U.S. Personen zu tun und allgemein mit der U.S. Steuerpflicht.

FATCA begründet sich aber nicht nur aus steuerlichen Entwicklungen. Auch juristische Initiativen bis hin zu Verfassungsauslegungen und politischer Arbeit in den Gremien des U.S. Kongresses über Jahrzehnte hinweg waren, meist ungeahnt, Steigbügelhalter für FATCA. Der Historie rund um Steuern und anderes ruchbares wollen wir uns nun im Teil 1 widmen.

Teil I

Steuergeschichten

8. Politik, Steuern, Verbrechen

W enn es um Steuern geht, wird es schnell komplex und je mehr man sich damit beschäftigt, umso ernüchternder kann es werden.

Die Politik nutzt Steuern gerne als Hebel zur Erreichung ihrer Ziele, mal als probates Mittel zur Sicherung der Wiederwahl, mal um die Einnahmen des Staates zu erhöhen, wie bei der PKW Maut, oder mal einfach um den Steuerzahler zu entlasten. Wir erinnern uns dabei an eine fast schon in Vergessenheit geratene Partei in Deutschland, die auch bei überbordender Staatsverschuldung Spielräume für Steuersenkungen ausgemacht haben wollte.

Die Schattengewächse der Gesellschaft, die ihre Einkünfte am Rande oder inmitten der Illegalität erzielt, die Grenzen sind da manchmal verschwimmend, haben auch so ihre Sorgen damit, womöglich einen Teil des Erwirtschafteten auch noch der Steuer unterwerfen zu müssen.

Anlass genug, sich dem Geflecht aus Politik, Steuern und Verbrechen in den USA etwas näher zu befassen.

9. Das Komitee, die Steuern und das Geld

Der U.S. Kongress, der sich aus dem Repräsentantenhaus und dem Senat zusammensetzt, muss die Zeit zwischen zwei Wahlen irgendwie überstehen, und will das Steuergeld, das man als Abgeordneter erhält, ja nicht immer nur bekommen, sondern auch irgendwie verdienen, wenn es mit der Wiederwahl denn was werden soll.

So gibt es als Betätigungsfeld dafür, mal mehr, mal weniger sinnvoll, für fast jegliches mögliches oder unmögliches Thema einen Ausschuss oder eine Arbeitsgruppe, also nicht viel anders wie in den meisten Parlamenten, Komitee genannt bzw. im englischen Committee.

Es gab eine Zeit, in der die Committees das eigentliche Machtzentrum des U.S. Kongresses ausmachten und ohne das Wohlwollen des Vorsitzenden eines Ausschusses, mehr oder weniger auf politische Lebenszeit im Amt, kaum eine Gesetzesinitiativen auf dem Weg gebracht werden konnten[11].

Um die Arbeit und deren Auswirkungen solcher Committees und der politischen Arbeit allgemein besser einschätzen zu können, wollen wir uns ein paar illustre Exemplare dazu einmal näher ansehen, auch wenn sie nicht unmittelbar mit FATCA oder dessen Entstehung in Verbindung stehen mögen. Zur Unterhaltung dienen sie allemal.

---

[11] Quelle: Einen interessanten Einblick in die damalige Zeit bieten die Autoren G. Calvin Mackenzie + Robert Weisbrot in Ihrem Buch ´The Liberal Hour´

10. Organisiertes Verbrechen zum Ersten

C hicago hatte zur Zeit der Prohibition bereits einen bekannten Bürger, so ziemlich der erste bekannte Kriminelle, dem nicht eine Salve aus einer Maschinenpistole oder eine Mordanklage zum Verhängnis wurde, zu beiden gab es ausreichende aber letztlich vergebliche Versuche, sondern einfach durch die Anwendung des Steuergesetzes.

Wer den Film ´The Untouchables´ mit Kevin Costner kennt, oder für die älteren Semester unter uns, die Fernsehserie ´Die Unbestechlichen – Chicago 1930´, der weiß, dass Al Capone schließlich durch Hinterziehung von Einkommenssteuer verurteilt wurde.

Al Capone wurde im November 1931 nicht wegen seiner kriminellen Umtriebe, sei es Alkoholschmuggel, Erpressung oder Mord, zu 11 Jahren Gefängnis verurteilt, sondern weil er auf diese Geschäftstätigkeit keine Einkommensteuer bezahlt hatte.

Es war auch nicht primär der aus den oben genannten Film- und Fernsehproduktionen bekannte Elliot Ness, verewigt durch die Verkörperung von Kevin Costner oder Robert Stack, der Al Capone zu Strecke brachte, sondern der weniger bekannte Steuerfahnder Frank Wilson vom 'Bureau of Revenue'.

Al Capone hatte sich seine Verurteilung letztlich selbst zuzuschreiben. Immerhin hat er selbst einmal öffentlich zu seinen kriminellen Aktivitäten Stellung genommen, in dem er betonte, dass er diese nicht als organisiertes Verbrechen oder Schmuggel bezeichnen würde, sondern schlicht als (legale) Geschäftstätigkeit oder 'a Business'.

Auch wenn man sich dieser Sichtweise nicht unbedingt anschließen mag, ist die fiskalische Konsequenz daraus klar; Erträge aus Geschäftstätigkeiten sind steuerpflichtig! Die Steuerfahnder sind bereits 1926 bei einer Razzia über die Buchhaltungsunterlagen des Syndikats gestoßen, es heißt wohl nicht umsonst 'organisiertes' Verbrechen, aus denen sich nach gründlicher Prüfung Zahlungen an Al Capone ableiten ließen.

Diese Geschäftstätigkeit, wenn wir mal bei dem Begriff bleiben wollen, muss extrem ertragsreich gewesen sein. Schätzungen aus dem Jahr 1928 zufolge hat das Syndikat von Al Capone jährlich USD 105 Millionen ´erwirtschaftet´.

Al Capone selbst soll 1929 ein Vermögen von ca. USD 30 Millionen besessen haben. Wenn Sie das unter Berücksichtigung der durchschnittlichen Inflation von 3% auf heute hochrechnen kommen Sie auf ein Vermögen von USD 400 Millionen. Steuerfrei!

Bei seiner Befragung durch den Staatsanwalt sah er sein Einkommen allerdings als eher niedrig bis durchschnittlich an, natürlich alles eine Frage der Betrachtung.

Zu weiteren berüchtigten Gestalten aus der Zeit kommen wir etwas später noch einmal zu sprechen[12].

---

[12] Quelle: Den kompletten Bericht mit allen Details zum Ablauf des Prozesses gegen Al Capone wurde durch Douglas O. Linder erstellt: Al Capone Trial (1931): An account by Douglas O. Linder – University of Missouri – Kansas City

11. Kommunismus zum Ersten

E ines der international bekanntesten Committees des U.S. Repräsentantenhauses war das 'House Un-American Activities Committee' oder kurz HUAC.

HUAC wurde bereits 1938 geschaffen, zuerst gegen Machenschaften des Deutschen Reiches und Unterwanderungen von Nationalsozialisten in den USA gerichtet, nach dem 2. Weltkrieg dann überwiegend auf den Kommunismus fokussiert. Bekannt wurde das Komitee durch dessen Vorgehensweise gegen Hollywood.

Dort gehörten Heerscharen von Filmschaffenden wie Schauspieler oder Regisseure zum Kreis der Verdächtigen; manche Schauspieler fanden sich auf schwarzen Listen wieder, so z.B. Orson Welles oder Charles Chaplin, nicht selten ohne ersichtlichen und nachvollziehbaren Grund. Es erging manchen Menschen also schon damals so wie heute mit der 'No-Fly-List' im internationalen Flugverkehr, also der Liste von Menschen, die kein Flugzeug betreten dürfen.

Auf die damalige wie heutige Liste kann man schneller kommen, als mancher glauben mag, umso unmöglicher ist es nahezu, auch damals wie heute, wieder von so einer Liste genommen zu werden. Aber auch dies ist wieder eine ganz andere Geschichte.

12. Kommunismus zum Zweiten

Auch im Senat war die gefühlte Subversion durch kommunistische Kräfte im eigenen Land ein Komitee wert. 1952 wurde durch den berüchtigten `Kommunistenfresser´ Joseph McCarthy das ´Permanent Subcommittee on Investigations´ als Teil des ´Government Operations Committee´ ins Leben gerufen, wie das Pendant HUAC im Repräsentantenhaus darauf ausgerichtet, meist vermeintliche, selten tatsächliche kommunistische Umtriebe im Land ausfindig zu machen und einzudämmen.

Der Schrecken hat zwar unterschiedliche Namen, kommt aber wohl immer im gleichen Gewande daher. Welche Auswirkungen der Wahn der Personen rund um McCarthy hatten, lässt sich auch gut im Film ´Good Night and Good Luck` von und mit George Clooney nachempfinden.

Wie im Film, hatte auch dies dann irgendwann sein verdientes Ende. Das Committee selbst hat dagegen bis heute Bestand, wenn auch mit anderen Aufgaben.

13. Organisiertes Verbrechen zum Zweiten

Noch viel spannender wurde es ebenfalls in den 50er Jahren mit dem ´Special Committee to Investigate Organized Crime in Interstate Commerce´[13] unter dem Vorsitz von Estes Kefauver, das im Frühjahr 1951 in den USA für Furore sorgte, in mehrerer Hinsicht.

Es ging im Kern um die Geschäfte der Mafia, deren Bundesstaaten übergreifende Machenschaften und um solch illustre Zeitgenossen wir Ben ´Bugsy´ Siegel oder Frank Costello. Personen und deren Geschichten, die wie Kopiervorlagen für ´Der Pate´ oder ´Sopranos´ klingen.

Die Anhörungen wurden alle live im Fernsehen übertragen. Zum Straßenfeger reichte es auch bei bis zu 86% Einschaltquote dennoch nicht ganz, da zwar in 1951 Fernseher in vielen Haushalten schon Realität waren, die TV Verbreitung sich mit noch unter 10% der

---

[13] Quelle: U.S. Senate Historical Office.

Haushalte aber doch in überschaubaren Grenzen gehalten hat. In aller Munde war es dennoch und zudem das ideale Thema beim morgendlichen Plausch zum Arbeitsstart[14].

Der Begriff Reality TV war auch noch nicht erfunden, die Anhörungen waren aber so aus dem prallen Leben, dass sich Drehbuchautoren Jahrzehnte davon inspirieren lassen konnten. Skandalträchtig war dabei besonders die Aussage von Virginia Hill, einer klassischen Gangsterbraut wie frisch aus einem James Cagney oder Humphrey Bogart Film.

In die Fernsehgeschichte ging Ihre Aussage nach der Frage ein, warum sie denn so viel Geld von Männern bekommen würde, darunter Mediziner, Künstler und eben Mafiosi. Wir unterstellen einmal, dass ihr Beruf, vielleicht auch Berufung, steuerlich noch keiner Einkunftsart zugeordnet werden konnte, obwohl die Tätigkeit sehr einträglich gewesen sein soll.

Sie wurde von der Staatsanwalt mehrfach drängend, das wollte man schließlich schon genau wissen, aufgefordert diese Frage zu beantworten, bis sie dann vor laufenden Kameras, wir erinnern uns es ist das Jahr 1951(!), für das Protokoll zum Besten gab ´Well Se-

---

[14] Quelle: In ihrem Buch ´The Liberal Hour´ berichten G. Calvin Mackenzie + Robert Weisbrot auch über die Fernsehgewohnheiten der 50er und 60er Jahre.

nator, they give me money because I am the best co§§$%&/*er (wir wollen das Buch an dieser Stelle jugendfrei halten) in the United States´.[15]

Man kann nur vermuten, wie das auf die Zuschauer vor den heimischen Geräten beim Abendbrot gewirkt hat. Hatte ich schon erwähnt, dass es hier um 1951 (!) geht? Interessant, was sich seit dem getan hat, man denke an die Super Bowl Übertragung mit der Brusteinlage von Janet Jackson und Justin Timberlake nur wenige Jahrzehnte später.

Das Komitee förderte vor allem Korruption in Großstädten wie Miami, Kansas City oder Chicago zu Tage. In Chicago wurden unzählige Politiker und Gesetzeshüter überführt, die oft ohne das groß zu verbergen, bei kriminellen Aktivitäten alle Augen zugedrückt haben oder selbst an lukrativen, aber leider eben illegalen Geschäften beteiligt war.

---

[15] Quelle: Das illustre Leben mit und das Treiben der Mafia, incl. Berichten zur Anhörung von Virginia Hill finden sich in dem interessanten Buch von Steve Fischer ´When the Mob ran Vegas´, 2005

14. Die Steuern, das Komitee und das Geld

W ie bringt uns dieser Ausflug vom Kommunismus über die Mafia und den Steuern wieder zurück zu FATCA? Ach ja, ganz einfach, über das bereits erwähnte 'Subcommittee on Investigations'[16].

Es gibt ein Komitee im Senat mit zahlreichen Unterausschüssen, welches sich auch ausgiebig dem Thema Steuern widmet.

Das Permanent Subcommittee on Investigations wurde seit vielen Jahren geleitet vom inzwischen berüchtigten demokratischen Senator Carl Levin aus Michigan, Ohio, der sich in 2014 allerdings nicht mehr zur Wiederwahl gestellt hat.

Eben dieser Senator Levin hat sich über viele Jahre hinweg der Trockenlegung von Steueroasen und damit Identifizierung von U.S. Personen und deren mehr oder weniger unversteuerten Gelder im

---

[16] Quelle: Aufgaben und aktuelle 'Fälle' des Subcommittee on Investigations findet sich auf deren Internetseite: http://www.hsgac.senate.gov/subcommittees/investigations

Ausland verschrieben. Dass er dabei den Blick eher in die Ferne schweifen ließ und dabei Defizite an steuerlichen Everglades, damit sind nicht nur die Sümpfe in Florida gemeint, bei der Trockenlegung glatt übersehen hat, ist nicht immer nachzuvollziehen.

In wie weit sich dieser Aspekt auf die spätere Definition, um nicht zu sagen Einseitigkeit, der Reziprozität unter FATCA ausgewirkt hat, lässt sich an dieser Stelle schwer sagen.

Das Committee hat sich dabei Banken in der Schweiz und Liechtenstein besonders gewidmet und in ausführlichster Form dazu Zahlen und Fakten zusammengetragen und für eine Anhörung am 17. Juli 2008 unter dem Titel ´Tax Haven Banks and U.S. Tax Compliance´ zusammengefasst[17].

Darin wird auf über 100 Seiten in kleinsten Details aufgezählt und berichtet, wie zwei namhafte Banken, deren Namen Sie ohne Probleme im Internet oder aus der täglichen Presselektüre zu Strafzahlungen von Finanzinstituten rund um den Globus in Erfahrung bringen können.

---

[17] Quelle: Tax Haven Banks and U.S. Tax Compliance. Staff Report vorgelegt unter dem Vorsitz von Carl Levin und dem Ausschussmitglied Norm Coleman.

Demnach soll die Schweizer Bank fast 20000 Konten von U.S. Personen mit einem Anlagevolumen von USD 18 Milliarden geführt haben

Der Bericht führt weiter aus, dass dem U.S. Fiskus schätzungsweise ca. USD 100 Milliarden an Steuergeldern durch Steuerhinterziehung entgehen würden, resultierend aus USD 4 bis 5 Billionen an Geldern, die in von Personen und Gesellschaften, nicht nur U.S. Personen, in Steueroasen rund um den Globus angelegt und verwaltet werden sollen.

Hier wird wie gesagt auf unversteuertes Geld abgestellt. Beträge, die aus reiner Steuervermeidung oder Steuergestaltung, also die legalen Wege sich Steuern zu ersparen und die somit eher moralisch anzuprangern wären, spielen hier keine Rolle.

Rechnet man vermeintlich entgangene Steuern aus kreativer, aber eben legaler, Steuergestaltung hinzu, soll sich die ´Steuerlücke´ (Tax Gap) jährlich sogar auf USD 345 Milliarden belaufen.[18]

Die Untersuchungen des Committees begannen im Februar 2008 und es wurden in dessen Zuge 35 Anhörungsbescheide (Subpoenas) ausgestellt und unzählige Interviews mit betroffenen, also Steuer-

---

[18] Quelle: Government Accountability Office, GAO Report Nr. 07-423R vom 15. März 2007.

sündern, deren Bankern, Rechtsanwälten und Finanzplanern geführt, und nicht zuletzt mit den Regierungen von Liechtenstein und
der Schweiz Konsultationen abgehalten.

15. Wer hat´s erfunden?

D amit wollen wir uns der eigentlichen Entstehungsge-schichte von FATCA zuwenden. Womit wir wieder zu einer kleinen Alpenrepublik zurückkehren. Dies dient hier nur der Veranschaulichung der Geschichte, es würden sich aber noch zahlreiche andere Länder als Vorzeigekandidaten finden.

Allerdings hat sich bei den Geburtswehen von FATCA kaum ein anderes Land im Vorfeld derart engagiert wie dieses und sich auch bis heute der besonderen Betreuung der U.S. Steuerbehörden sicher sein kann, dass es fast schon eine Sünde wäre, dies nicht in ein besonderes Licht zu stellen. Von Sünden war bei den Untersuchungen der U.S. Behörden schließlich ausgiebig die Rede.

Inzwischen sind einige Schweizer Institute zu richtigen Stammkunden des IRS geworden. Ob diese dabei auch in den Genuss von Rabatten kommen oder das IRS dazu extra Treueprogramme aufgelegt hat, ist nicht überliefert.

Wie ist denn FATCA nun entstanden? Auf keinen Fall mit einem reinen Urknall und auch nicht evolutionär, das sich beides ohnehin nicht mit den religiösen Grundfesten der USA vereinbaren lassen würden.

Es muss also etwas anderes gewesen sein. Womit wir auf unser exemplarisches Alpenländchen zu sprechen kommen, das letztlich für die USA mit zum Geburtshelfer von FATCA wurde.

Wer in den USA nach der Schweiz befragt wird, dem fallen meist sofort einige Symbole ein, die unweigerlichen mit der kleinen Alpenrepublik in Verbindung gebracht werden. Das Matterhorn, Uhren mit einer Präzision (und einem Preis) von Weltruhm, pünktliche Züge (!), Schokolade in allen Variationen und nicht zuletzt ein bekanntes Kräuterbonbon, wo wir über viele Jahre hinweg in wohltuenden Dosen darüber informiert wurden, wer diese denn tatsächlich erfunden hat.

Über Jahrzehnte hinweg tand die Schweiz als besonderes Bollwerk der Sicherheit und Geborgenheit für Geld, das bekanntlich flüchtig wie ein scheues Reh sein kann und welches in den Bankhäusern an den Ufern von Genfer See und Limmat ein wohlbehütetes und von der Außenwelt weitgehend abgeschottetes Dasein führen konnte.

Dem wäre eigentlich nichts vorzuwerfen, wenn, ja leider wenn, dieses Geld in manchen Fällen ohne den Umweg über ein ausländisches Finanzamt direkt aus der Kasse eingereist ist und damit für volles Netto vom Brutto beim Besitzer sorgt, eben ohne vorher oder nachher eine Steuer auf den Anlagebetrag oder die Einkünfte aus der Anlage heraus abzuführen.

Auch in der Zeitwende nach den berüchtigten Nummernkonten war Geld in der Schweiz gut aufgehoben. Für versteuertes Geld gilt das heute noch, hallt doch der Ruhm mancher Institute bisweilen bis nach Singapur oder Hong Kong.

Zumindest war die Schweiz bis vor wenigen Jahren ein willkommener Platz für U.S. Personen, die den dortigen Banken gerne Ihr Geld anvertrauten, bis, ja bis sich ein Komitee im U.S. Kongress unermüdlich daran gemacht hat, dem Treiben ein schleichendes, aber umso schmerzlicheres Ende zu bereiten. Für das eine oder andere Schweizer Institut was das Ende im weiteren Verlauf der Geschichte auch durchaus wörtlich zu verstehen.

16. Auf der Straße nach FATCA

16.1 Der verlängerte Arm

Lange vor den ersten Überlegungen zu FATCA wurde bereits versucht, U.S. Steuersündern, wenn schon nicht auf die Schliche zu kommen, ihnen doch das Leben etwas schwerer zu machen. Dies sollte unter anderem 1997 mit Einführung des **Q**ualified **I**ntermediary (QI) Systems erreicht werden. Bis es dann endlich eingeführt wurde vergingen allerdings noch einige Jahre, so dass der ´Startschuss´ von QI erst tatsächlich in 2001 erfolgte.

In der recht simplen Vorstellung sollte das QI System den Traum eines Buchhalters wahr werden lassen, dass sich ein einmal ausbezahlter Betrag einer U.S. Gesellschaft selbst nach unzähliger Verteilung rund um den Globus durch ein engmaschiges Meldesystem (QI Reporting) komplett nachvollziehen lassen würde.

Ein vereinfachtes Beispiel soll dies verdeutlichen. Nehmen wir eine namhafte U.S. Gesellschaft, die im Dow Jones geführt wird und eine Dividende von USD 100 Millionen ausschüttet. Die Dividendenzahlung wird von der U.S. Gesellschaft über eine U.S. Bank, der sogenannten Zahlstelle, zur Auszahlung verteilt.

Diese ermittelt nun alle Institute in den USA, die diese Wertpapiergattung für in- und ausländische Institute verwahrt. Diese U.S. Institute transferieren dann diese Beträge wiederum an alle ausländischen Institute, die einen Bestand führen, diese wiederum vergüten die Dividende an alle deren direkte und indirekte Kunden im In- und Ausland weiter bis nach einigen möglichen weiteren Stationen das Geld seinen eigentlichen Empfänger erreicht hat.

Zwischen der Zahlstelle in den USA und dem tatsächlichen Empfänger der Dividende liegen neben einer Vielzahl von zwischen geschalteten Instituten (Lagerstelle, Unterverwahrstelle, Depotbank, um nur ein paar der verwirrenden Begriffe zu nennen) auch eine unzählige Kette von Buchungsschritten, Buchungsschnitten, ja die gibt es auch, Korrekturbuchungen, Wechselkursen, Rundungsdifferenzen oder unterschiedlichen Quellensteuersätzen, um nur ein paar Themen zu nennen.

Bei all diesen Gegebenheiten ist es wenig verwunderlich, dass sich eine Rückrechnung auf den ursprünglichen Betrag nur schwerlich realisieren lässt. Aber genau das glaubten die Erfinder des QI

Systems erreichen zu können, dass sich im Ergebnis alle aus den USA fließenden Dividenden über entsprechende Meldungen, eben besagtem Reporting, ermitteln lassen würde, wohin diese geflossen sind und ob eine korrekte Besteuerung vorgenommen wurde. Ein äußerst schwieriges Unterfangen, wie sich schnell heraus gestellt hat.

Die Idee von QI war es somit, Erträge von U.S. Wertpapieren bzw. die Besteuerung eben solcher nicht mehr zwingend an der ursprünglichen Quelle in den USA vorzunehmen, sondern durch Banken im Ausland, wo ein nicht unbeträchtlicher Teil an U.S. Wertpapieren gehalten wurden und immer noch verwahrt werden.

Hierzu sollten solche Institute angehalten werden, einen Vertrag mit dem IRS einzugehen, das sogenannte **QI A**greement (QIA), und sich dadurch zu verpflichten, Depotinhaber von U.S. Wertpapieren nach festgelegten Maßstäben zu identifizieren und zu dokumentieren, insbesondere bei U.S. Personen[19].

Nur bei entsprechender Dokumentation und bei vorhandenem Doppelbesteuerungsabkommen (DBA) sollte es möglich sein, in den Genuss eines reduzierten Quellensteuersatzes, z.B. 15% anstelle

---

[19] Quelle: Das ursprüngliche QI Agreement wurde vom IRS als 'Revenue Procedure 2000-12 veröffentlicht und findet sich unter http://www.irs.gov/pub/irs-drop/rp-00-12.pdf

von 30% Quellensteuer, auf Erträge aus U.S. Wertpapiere zu kommen.

Die Institute, die einen QI Vertrag unterzeichnet haben, verpflichteten sich neben der Kundendokumentation, je nach Art um Umfang des QI Status, zum Einbehalt der U.S. Quellensteuer, der Abführung der Steuer an das IRS und der Meldung (Reporting) zu allen Zahlungen aus U.S. Wertpapieren sowie zu U.S. Personen.

Gerüchten zu Folge hat das IRS, damals wie heute chronisch unterfinanziert und unterbesetzt, ob das nun gewollte Methode der Politik ist oder nicht, gehört ebenfalls nur in den Bereich der Spekulation und Verschwörungstheorien, die beim IRS eingehenden Papiermeldungen auf dem Formular 1042-S mangels Personal teils über Jahre hinweg in Lagerhallen aufbewahrt, ohne etwas sinnvolles mit den Meldungen anzufangen…und wenn Sie nicht gestorben sind…liegen die Meldebelege dort noch heute.

Interessanterweise waren es damals Institute in Ländern wie der Schweiz, welche sich sehr schnell auf das QI System eingelassen hatten. Ein Grund dafür war nachträglich betrachtet recht offensichtlich, bot das QI System doch ausreichend Lücken, U.S. Personen weiterhin unentdeckt betreuen zu können. Mit dem QI System wurde auch der Begriff ´QI Designated Accounts´ eingeführt.

Dieser besagte, dass nur solche U.S. Wertpapierbestände unter das QI System fallen, die beim verwahrenden Institut, Depotbank, als QI Designated Accounts ausgewiesen wurden. Wollte man U.S. Personen, die gegenüber dem IRS doch weiterhin lieber anonym bleiben wollten, diesen Wunsch auch erfüllen, war dies recht einfach zu gestalten. Man musste im Kern nur dafür sorgen, dass diese keine U.S. Wertpapiere mehr im Depot führten und schon waren diese außen vor. Die Welt kann manchmal so einfach sein.

Die Implementierung des QI Systems war für Banken auch nicht wirklich einfach, es haben aber doch schnell die Vorteile überwogen, nicht nur bezogen auch die gerade beschriebene Lücke im System.

Ein QI hatte nun von der Verwahr- oder Zahlstelle in den USA Erträge aus U.S. Wertpapieren zu 100% erhalten und eben die Besteuerung selbst vorgenommen. Das hat den Abzug von Quellensteuer vereinfacht und im Laufe der Jahre hat sich dieser Prozess gut etabliert.

Friede, Freude und auch Eierkuchen haben sich aber nicht lange gehalten. Dafür sorgte im weiteren Verlauf schon das Komitee von Carl Levin. Dieser hat sich in den Jahren nach der QI Einführung immer wieder vehement mit den ´Lücken´ des QI Systems beschäftigt. Auch die Obama Administration hat das Thema QI System aufgegriffen, als FATCA noch in weiter Ferne schien[20].

---

[20] Quelle: Das Weiße Haus hat sich zu Beginn seiner ersten Amtszeit das Schließen von Steuer-schlupflöchern ebenso vorgenommen wie der Vermeidung der Verlagerung von Arbeitsplätzen in Billiglohnländer. Die Pressemitteilung findet sich hier:
http://www.whitehouse.gov/the_press_office/LEVELING-THE-PLAYING-FIELD-CURBING-TAX-HAVENS-AND-REMOVING-TAX-INCENTIVES-FOR-SHIFTING-JOBS-OVERSEAS

16.2 TAX HAVEN ABUSE ACT

Die Erkenntnisse aus dem Komitee haben Senator Levin bereits am 17. Februar 2007 veranlasst, eine erste Gesetzesinitiative zu lancieren, dem Stop Tax Haven Abuse Act´. Wie bei manch anderen Initiativen auch, dauert es manchmal etwas, bis sich entsprechende Mehrheiten bilden lassen[21].

2007 hingen die Finanzwelt und die Wirtschaft allerdings noch einigermaßen voller Geigen, obwohl am Immobilienmarkt bereits ein Einbruch zu verzeichnen war. Somit hat Carl Levin am 02. März 2009 einen zweiten Versuch gestartet, diesmal waren die ´Vorzeichen´ schon besser, wenn auch noch nicht optimal. Senator Levin hat sogar im Nachgang zu FATCA am 12. Juli 2011 noch einen weiteren Versuch gestartet, quasi schon als Verschärfung von FATCA.

Schon bevor FATCA in ein Gesetz gegossen werden sollte, gab es eine erste Initiative der frisch gewählten Obama Administration, die bereits erahnen ließ, was da auf uns zukam. Dies wurde aber

---

[21] Quelle: Tax Haven Abuse Act 2007, Eingebracht in den U.S. Senat mit Nummer S. 681 am 17. Februar 2007 (110th Congress, 2007–2009)

noch auf recht kleiner Flamme gezündet, so dass sich nur einge-
fleischte QI Fetischisten davon Wind bekamen.

Das U.S. Treasury hat am 11. May 2009 einen aktuellen Stand in
dessen 'Green Book', welches auch nicht mehr Grün ist, veröffentlicht und darin bereits erste Leitlinien für FATCA vorgegeben. Das
Green Book hat dann schon einmal Mehreinnahmen von USD 210
Milliarden binnen der nächsten 10 Jahre in Aussicht gestellt.

Hatte ich schon angemerkt, dass es immer wieder verwunderlich
ist, wie solche Schätzungen zustande kommen, auch wenn sie noch
so schön mit Grafiken und Erläuterungen unterlegt sind? Nachvollziehbar sind sie auf jeden Fall nur sehr selten.

Bei allem Aufwand den FATCA noch bescheren sollte, können
wir noch dankbar sein, dass die wildesten Ideen der U.S. Behörden
dann doch nicht Wahrheit geworden sind. Das U.S. Treasury wollte
ursprünglich mehr in ein Modell aus Vorabbesteuerung und anschließendem Rückerstattungsprozess übergehen.

Die Lücken im bestehenden System waren nach fast 10 Jahren
QI System kaum zu übersehen. Banken mit einem QIA mussten
sich alle drei Jahre einer externen Prüfung (QI Audit) unterziehen.

Diese, vor allem für die Prüfungsgesellschaften lukrative Prüfung ergab dann in der Dokumentation der Kunden, dass diese aus Sicht der Prüfungsvorschriften, und die lassen kaum Spielraum für Interpretationen zu, an vielen Stellen unzureichend war.

Mängel reichten von nicht vorhandenen Ausweiskopien, fehlerhaft ausgefüllten Formularen, ungeklärter Ansässigkeit bis hin zu klaren Hinweise auf U.S. Bezug z.B. dem Geburtsland im Ausweis bei denen in manchen Fällen dennoch ein reduzierter Quellensteuerabzug in Anrechnung gebracht wurde, oder eben eine offensichtliche U.S. Person, die nicht als solche gemeldet wurde.

Es gab aus Sicht der U.S. Behörden somit ausgiebigen Anlass, gegenüber den QI Banken die Zügel etwas strammer zu ziehen. Unter anderem war vorgesehen, dass die U.S. Banken teilweise wieder vermehrt selbst die volle Quellensteuer von 30% in Abzug bringen sollten, bevor Erträge aus U.S. Wertpapieren ins Ausland fließen sollten und die zu viel gezahlte Quellensteuer dann in einem, voraussichtlich bürokratischen Monster an Aufwand, wieder zurück zu fordern.

Wer den Steuerrückforderungsprozess (Tax Reclaim) von italienischen oder französischen Wertpapieren kennt, bekommt eine ungefähre Vorstellung davon, was da auf die Banken zugekommen wäre, zumal die USA kaum Erfahrung mit diesem Prozess hat, die Ämter dort ähnlich chronisch unterbesetzt sind und der technische Fortschritt aus Palo Alto, dem Technologiestandort nahe San Francisco und Sitz der Stanford Universität, auf den Fluren des IRS noch nicht Einzug gehalten hat.

Dies sollte vor allem Nicht-U.S. Firmen treffen, die sich nicht immer gerne in die Karten blicken lassen und deren Gesellschafter, Beteiligte oder sonstige wirtschaftlich Berechtigte offen zu legen. Im ´Gegenzug´, sollten sich die QI Banken verpflichten, bei U.S. Personen auch Erträge ohne U.S. Bezug melden zu müssen. Auch die schon bislang happigen Strafgebühren sollten noch einmal kräftig angehoben werden. Man gönnt sich ja sonst nichts. Aber es sollte dann doch etwas anders kommen.

Am 27. Oktober 2009 sollte es dann soweit sein und ein erneuter Gesetzesentwurf wurde erstmalig unter dem griffigen Namen **F**oreign **A**ccount **T**ax **C**ompliance **A**ct, oder kurz FATCA, und den Nummern H.R. 3933 (Repräsentantenhaus) bzw. S. 1934 (Senat) in den U.S. Kongress eingebracht, hatte es aber dann immer noch nicht geschafft, Gesetz zu werden. Dazu brauchte es dann doch noch einen kräftigeren Schub in Form eines Wirtschaftsförderungsgesetzes.

Darum, und um vieles mehr geht es nun gleich im Teil II. An dieser Stelle sei schon einmal vorgewarnt, dass es im weiteren Werdegang von FATCA nun auch etwas nüchterner und technischer zur Sache gehen wird.

Teil II

Es werde FATCA

17. Es ist vollbracht

A m 18. März 2010 sollte es dann aber vollbracht werden. FATCA wurde nach Zustimmung des U.S. Kongresses und durch Unterschrift von President Obama Gesetz.

Dass das Gesetz ursprünglich **F**oreign **A**ccount **T**ax **W**ithholding **A**ct heißen sollte, ist dagegen nur eine Legende. Warum das so ist? Sie werden selbst drauf kommen.

In der Finanzgemeinde hat sich im Laufe der Zeit auch der Begriff vom **F**ear **A**nd **T**otal **C**onfusion **A**ct ausgebreitet, etwas zum Missfallen der Erfinder aber verständlich für Alle, die sich ab 2009 damit befassen mussten.

Wie viele Abgeordnete FATCA im Endeffekt gelesen haben, darüber kann nur spekuliert werden. Noch geringer ist vermutlich die Anzahl derer, die auch verstanden haben, worum es eigentlich geht und welche Auswirkungen das haben wird. Also ganz normaler Politikalltag.

FATCA wurde, wie so oft bei U.S. Gesetzen, in ein anderes Gesetzesvorhaben eingebettet. Die Taktik der Einbettung, was also nicht nur für Journalisten bei Militäreinsätzen zum Einsatz kommt, wird durch Kongressmitglieder oder von Committees gerne genutzt um ein anderweitig wenig populäres Gesetz doch noch durch den Kongress peitschen zu können.

In diesem Fall der **Hi**ring **I**ncentives to **R**estore **E**mployment Act (HIRE)[22]. Anfang 2010 herrschte in den USA noch Wirtschaftskrise und ein Maßnahmenpaket zur 'Rettung' der Wirtschaft erfreute sich zumindest beim linken Flügel des Kongresses großer Beliebtheit während die rechte Seite die Eingriffe der Politik in die Wirtschaft wieder als einen Schritt in den Untergang Gottes eigenen Landes verstanden haben will und entsprechend verteufelt hat.

Auf jeden Fall gaben andere Teile des HIRE Act genügend Anlass zur Kritik, so dass der Teil V des Gesetztes, nämlich FATCA, gar nicht groß aufgefallen ist. Es betraf ja irgendwie auch nur ausländische Institute oder Amerikaner, die im Ausland Konten unter-

---

[22] Quelle: Der HIRE Act findet sich hier: http://www.gpo.gov/fdsys/pkg/PLAW-111publ147/pdf/PLAW-111publ147.pdf

halten, wie der erste Buchstabe in FATCA (F = Foreign = Ausland) auf den ersten Blick vermuten lassen mag.

Beides betrifft also die allgemeine Wählerschaft, und auf die kommt es ja an, kaum. Manchem Wähler ist ja bereits die Vorstellung, außerhalb der USA ein Konto zu unterhalten undenkbar, im Ausland zu wohnen erscheint komplett abwegig, wenn nicht gleich verdächtig.

Hinzu kommt, dass die große Maße der Volksvertreter im U.S. Kongress ähnlich wie die Gesamtbevölkerung der USA diese noch nie verlassen haben. Berücksichtigt man zusätzlich, dass der 'Rest der Welt' in den USA in den Zeitungen, mit seltenen Ausnahmen wie der New York Times oder der Washington Post, und erst recht nicht im Fernsehen zu existieren scheint, erklärt sich auch, wie sich bei Gesprächen mit Amerikanern immer wieder Stilblüten ergeben, wie sie nur das wahre Leben hergeben kann.

Es kann einem bei einem Gespräch mit einem durchschnittlich Informierten Amerikaner gut passieren, dass man gefragt wird, ob man mit dem Auto aus Europa angereist ist. Antwortet man dann nachvollziehbar, dass es leider nicht möglich war, da die Bering-straße gerade mal wieder nicht zugefroren war, erntet man höchstens einen verständnisvollen Blick; verstopfte Straßen zur Urlaubszeit kennt man in den USA ja auch.

Bei älteren Semestern kommt es auch vor, dass im Gespräch alte Erinnerungen an die gute Zeit als G.I. in Europa hochkommen und sich der ehemalige Soldat nach dem Stand des Wideraufbaus erkundigt. Aber wir schweifen schon wieder ab; also zurück zu FATCA.

Schätzungen des **T**axpayer **A**dvocate **S**ervice (TAS), einer Interessenvertretung für U.S. Steuerzahler zufolge entgehen dem IRS gut USD 400 Mrd. im Jahr und Millionen von Anfragen der Steuerzahler bleiben unbeantwortet durch chronische Unterfinanzierung und personeller Unterbesetzung des IRS[23]. Auch das nur wieder eine gewagte Schätzung des Interessenverbandes, weil hierzu rechnerische Erhebungsgrößen fehlen.

FATCA soll dem IRS zumindest Mehreinnahmen von jährlich grob geschätzten USD 870 Millionen einbringen[24].

---

[23] Quelle: Die Schätzungen ergeben sich aus dem jährlichen Bericht des TAS an den Kongress: TAS – Annual Report to Congress 2012
[24] Quelle: Joint Committee on Tax, Senate Amendment 3310

Wie diese Beträge geschätzt wurden, kann man wiederum nur erraten oder erahnen, zumindest findet sich in keine der Unterlagen des Committees eine Basis für eine empirische Erhebung.

Die Schätzung von Mehreinnahmen USD 870 Mio. bzw. 8.7 Mrd. in den nächsten 10 Jahren des IRS erschienen nicht nur wesentlich plausibler als die 'Hausnummer' des Senats, sie boten angesichts der erwarteten Umsetzungskosten Anlass für Sarkasmus.

Es gab nicht nur eine Runde von Vertretern aus Finanzinstituten, auch unter Beisein des Autors, bei der darüber sinniert wurde, das es doch einfacher und sogar günstiger wäre, von den Instituten weltweit jährlich die Summe von USD 870 Mio. einzusammeln und an das IRS zu überweisen.

Schaut man im Nachhinein auf die Umsetzungskosten von FATCA, die sich aktuell auf einen strammen zweistelligen Milliardenbetrag einpendeln dürften, kommt leicht Verständnis für diesen nicht ganz ernst gemeinten Gedanken auf, zumal schon absehbar ist, dass FATCA auch in den nächsten Jahren ein Kostenfaktor bleiben wird, wenn auch weniger intensiv als in den letzten Jahren.

FATCA gehört dabei zu den regulatorischen Maßnahmen, deren Implementierungskosten sich im Kern nicht auf die Kunden umlegen lassen, zumal nicht in dem kompetitiven Umfeld und einem kaum noch erkennbaren Zinsniveau.

Das sind natürlich monetäre Lichtjahre entfernt von den ebenfalls geschätzten USD 100 Mrd. pro Jahr (!), welche Senator Levin in Aussicht gestellt hatte[25].

Da das IRS nicht weiß, wie viele U.S. Personen außerhalb der USA leben, wie viele davon überhaupt in den USA , selbst bei Abgabe eine Steuererklärung, noch Steuern zahlen müssten und schon gar nicht, wie viel Geld U.S. Personen im Ausland geparkt haben, ist es auch extrem schwierig eine solide Zahl in den Raum zu stellen. Da es also keine plausible Zahl gibt, schon gar keine, die kritisch hinterfragt werden könnte, nimmt man einfach eine fantastisch große Zahl, um dem geplanten Ansinnen wie hier bei FATCA genügend argumentativen Unterbau zu geben.

Nun war FATCA also Gesetz. In Deutschland heißt es, es würde kein Gesetz den Bundestag so verlassen, wie es hineingekommen ist. Für die Umsetzung von U.S. Gesetzen ist es nicht unähnlich. Aber wieder der Reihe nach. Kaum ist die Tinte unter einem Gesetz endlich trocken, wird eine Heerschar von Beamten auf die Umset-

---

[25] Quelle: Senate Permanent Subcommittee on Investigations, Staff Report July 17, 2008.

zung angesetzt. Diese Truppe, mal mehr, meist weniger mit internationalen Regeln und Verfahrensweisen vertraut, zumal im Finanzbereich, verlautbart erst einmal fröhlich darauf los. Der ´Rest der Welt´ wird sich schon anpassen. So ging die FATCA Einführung also in seine erste Runde.

IRS Notices zum Ersten

Zu U.S. Gesetzen mit regulatorischem Hintergrund gibt es meistens spezielle Umsetzungsverordnungen, Regulations genannt. Ein umfängliches Werk wie FATCA verlangt, leider, nach sehr vielen regulatorischen Vorgaben.

Bis diese geschrieben sind und die Zeit drängt, wird gerne vorab schon mal Einiges auf den Weg gebracht. Dies geschieht durch sogenannte Notices.

Diese beschäftigen sich meist mit einigen Teilaspekten, die schon einmal wichtige Punkte aus den noch zu erstellenden Regulations vorweg nehmen soll und, auch nicht ganz unwichtig, die Behörden sich ihrer Sache noch nicht ganz sicher sind und eine Notice auch gerne mal als Versuchsballon nutzt, um heraus zu finden, ob die angedachten Maßnahmen auch durch- und umsetzbar sind. Sie sollen auch den 'Dialog' mit den Betroffenen eröffnen, in unserem Fall mit Finanzinstituten rund um den Globus.

Um die weitere Entwicklung von FATCA vom Gesetzesbeschluss bis zu Ihrer nächsten Kontoeröffnung, achten Sie dabei mal darauf, welche Fragen Ihnen Ihre Bank heute zum U.S. Bezug stellt, übrigens auch beim Online Banking, besser nachvollziehen zu können, wollen wir uns die Notices einmal genauer ansehen.

Die nun folgenden Zusammenfassungen nehmen keinen Bezug auf die jeweils nachfolgende Notiz, geben somit immer den aktuellen Stand der Regelungen zum Zeitpunkt der Veröffentlichung wieder. Dadurch bekommt man auch ein gutes Bild über die Evolution eines derartigen Verfahrens, nicht zuletzt dadurch, dass manches in einer Notice in einer späteren Notice oder in den eigentlichen Umsetzungsverordnungen (Regulations) geändert, angepasst oder komplett gestrichen wurde. Das gilt besonders für die erste Notice zu FATCA, der wir uns nun widmen wollen. Notices werden in den USA mit einer festen Nummernlogik veröffentlicht. Sie setzt sich zusammen aus der Jahreszahl und einem Zähler. Der Zähler besagt um die wievielte Notice es sich im jeweilig laufenden Jahr handelt, bezogen auf alle Themen des IRS.

18. Notice 2010-60

oder

Der perfekte Sturm

D as U.S. Treasury und das IRS haben am 27. August 2010 nach bangem Warten der Finanzbranche und das schlimmste befürchtend mit der Notice 2010-60[26] die ersten Eckpunkte für die Umsetzung von FATCA veröffentlicht.

Im Vorfeld gab es bereits unzählige Eingaben und Fragen der Verbände der Finanzdienstleistungsinstitute, insbesondere der European Banking Federation (EBF) aber auch von Banken, Versicherungen und anderen, die es bereits geschafft hatten, sich mit dem Ausmaß von FATCA in all seinen Grausamkeiten zu beschäftigen, insbesondere den Kosten für die Umsetzung und absehbarem Ärger mit den Kunden. Und es sollten noch viele mehr werden.

---

[26] Quelle: http://www.irs.gov/irb/2010-37_IRB/ar06.html

Bedenken wurden besonders auf die weite Auslegung des Gesetzes in Bezug auf relevante Institute und betroffene Zahlungen und dem damit verbundenen Umsetzungsaufwand geäußert.

Notice 2010-60 erläutert und konkretisiert restmalig einige Bestimmungen zu Section 501(a) des HIRE Gesetzes und dem neuen Kapitel 4 mit den Paragraphen (Section) 1471 - 1474 des IRC.

18.1   Grandfather Rule

FATCA wurde vom U.S. Gesetzgeber mit einigem Interpretationsspielraum für die Umsetzung durch das U.S. Treasury und IRS versehen. Die große 'Keule', mit der sich auch am meisten Schrecken verbreiten ließ, war die Androhung 30% Steuer auf U.S. Zahlungen zu erheben, also nicht nur Erträge aus Wertpapieren sondern auf alle steuerrelevanten Zahlungen aus U.S. Quellen, was auch Bruttoerlöse aus Verkäufen und Fälligkeiten von Wertpapieren beinhaltet, sofern sich Empfängerinstitute außerhalb der USA nicht an stringente Dokumentationsvorgaben der U.S. Behörden halten.

Man hatte schnell den Eindruck hier gelte erstmal die Schuldvermutung und nur wer alle Sicherheitsstufen durchlaufen hat, kommt um die 30% Abzug herum. Es hatte also einen ähnlichen Anschein wie bei der Einreise in die USA, die einem manchmal auch den Eindruck vermittelt, dass aus einer großen Menge von Verdächtigen die Unschuldigen herausselektiert werden, statt unter dem Heuhaufen von Unschuldigen die schuldbehaftete Nadel zu finden.

Mit neuen Regelungen will man meist mit etwas aus der Vergangenheit abschließen, wie in diesem Fall mit einer Menge an schlechten Erfahrungen und umso weniger Steuereinnahmen, so ganz ignorieren lässt sie sich aber nicht. Hier hilft dann die 'Opa-Regel', umgangssprachlich auch 'Grandfather' Regelung genannt. In dem Fall sollten unter FATCA bestimmte Produkte von der 30% Steuer ausgenommen werden, sofern sie vor dem 18. März 2012 begeben wurden.

Ein kurzes Beispiel zur Veranschaulichung. Eine Anleihe wird am 01. Januar 2012 herausgegeben, der eloquente Finanzspezialist würde 'emittiert' sagen. Die Anleihe wäre dann von der 30% FATCA Steuer nicht betroffen, wohl aber die Zinszahlungen daraus; melderelevant wäre es unabhängig davon ohnehin.

Ausgenommen von dieser Grandfather Rule sind Zahlungen aus Aktien bzw. aktienähnlichen Wertpapieren (Equity for U.S. Purposes) und sonstige Zahlungen ohne festes Ablaufdatum oder Ablaufbedingungen.

Ähnlich wie bei der Einführung des QI Systems (Altgattungen vor 1984) wird für die betroffenen Wertpapiere und andere, d.h. Renten und rentenähnliche Papiere das Emissionsdatum zu berücksichtigen sein. Dies wäre nach der Grandfather Rule der

19.03.2012. Wertpapiere und andere Zahlungen, die demnach am oder nach dem 19.03.2012 emittiert werden, fallen unter FATCA.

Etwas komplexer wird es mit den Gattungsarten werden, insbesondere Papiere, die nicht ausschließlich Rentencharakter haben, z.B. Genussscheine, Wandelanleihen, etc. Sonstige betroffene Zahlungen (z.B. Renten aus fondsgebundenen Versicherungen, etc.), die vom IRS als ‚withholdable payments' eingestuft werden, wurden noch nicht näher bestimmt.

18.2   The good, the bad and the ugly

oder

FFI/ NPFFI / NFFE

Die USA mögen es bekanntlich eher schlicht, zum einen die Welt gerne in schwarz/weiß oder, noch besser, gut/böse einteilen. Zur weiteren Vereinfachung werden gerne Begrifflichkeiten verwendet, die sich mit drei oder vier Buchstaben abkürzen lassen, so sind inzwischen bekannte und berüchtigte Abkürzungen zu FATCA (Zur Abwechslung mal fünf Buchstaben) wie FFI oder NFFE entstanden, alle mit dem Buchstaben F, der nicht für das weniger jugendfreie F-Wort steht, sondern für das eher abgrenzende Wort Foreign.

In dieser Schlichtheit wurden auch die betroffenen Parteien abgegrenzt, also ganz klar U.S. und Nicht-U.S. und dann nach Individualpersonen und Nicht-Individualpersonen, letztere dann auch noch einmal unterteilt nach Finanzinstituten und Nicht-Finanzinstituten. Klingt jetzt eigentlich einfach und gut trennbar, aber eben nur eigentlich. Das sollte und wurde noch komplexer.

Denn da gab es noch die an FATCA teilnehmenden Institute, die sich also ohne Wenn und Aber dem Diktat der USA unterwerfen und denen, die nicht mitspielen wollen. Dann gibt es auch auf der Kundenseite von Finanzinstituten eine weitere schwarz/weiß Unterteilung nach voll offen gelegten (die Guten – the Good) und solchen, die wiederum nicht mitspielen wollen (die Bösen – the Bad), also wie im Sergio Leone Klassiker ´Zwei glorreiche Halunken´ (The Good, the Bad and the Ugly).

Hier ein erster Überblick der wichtigsten neuen Begrifflichkeiten und deren Abkürzungen ,die im weiteren Verlauf immer mal wieder aufkommen.

- Finanzinstitute
  - o Die Guten: Teilnehmende Finanzinstitute = **P**articipating **F**oreign **F**inancial **I**nstitutions (PFFI)
  - o Die Bösen: Nicht-teilnehmende Finanzinstitute = **Non-PFFI** (NPFFI)
- Nicht-Finanzinstitute
  - o Nicht Hässlich aber kompliziert: Ausländische Institute, die keine Finanzinstitute sind = **Non-F**inancial **F**oreign **E**ntities (NFFE)

Nun aber zu den Einzelheiten der Notice 2010-60.

Die Zusammenfassung der Notice 2010-60 wurde dem Newsletter # 1 vom September 2010 aus der Feder des Autors, also mir selbst, entnommen:

FATCA teilt die Foreign Entities somit erst einmal in Foreign Financial Institutions (FFI) und Non Foreign Financial Entities (NFFE) ein, dass dies nicht ganz so einfach bleiben wird wie es hier noch klingen mag, kann man schon erahnen. Demnach müssten alle als FFI eingestuften Institute einen Vertrag mit dem IRS abschließen und NFFE ebenfalls bestimmte Auflagen erfüllen, um eine volle Besteuerung der betroffenen Zahlungen mit 30% zu vermeiden. Eine Kernkritik der Branche war, dass mit dieser groben Begriffsbestimmung von FFI die Anzahl der Institute, die mit dem IRS einen Vertrag abschließen müssten in die zehn- oder sogar hunderttausende gehen könnte, im Vergleich zu den heute etwa 5500 QI Instituten weltweit. Dies wurde durch Notice 2010-60 etwas konkretisiert und auch der Begriff des FFI erweitert.

Betroffen sind grundsätzlich Finanzdienstleistungsinstitu-
te (FI), die in Paragraph 1471(d)(5) in drei Kategorien auf-
geteilt werden:

- *Institute, die Einlagen annehmen und führen, z.B.*
  o *Banken*
  o *Einlageninstitute*
- *Institute, die Wertpapiere und sonstige Anlagen*
(Rohstoffe, Derivate, etc.) für Dritte verwahren, z.B.
  o *Depotbanken*
  o *Global Custodians*
  o *Clearing Häuser*
  o *Broker/ Dealer*
- *Institute, die in Wertpapieren, sonstige Anlagen*
(Rohstoffe, Derivate, etc.) investieren und/oder mit diesen
handeln, z.B.
  o *Fonds bzw. Fondsgesellschaften*
  o *Hedge Fonds*
  o *Private Equity/ Venture Capital Fonds*

Nach Paragraph 1471 unterliegen betroffene Zahlungen an FI einem 30% Steuerabzug, ausgenommen:

- *FI, die mit dem IRS einen Vertrag gem. Paragraph 1471(b)(1) abgeschlossen haben (Participating FFI)*
- *FI, die zwar keinen Vertrag mit dem IRS schließen, aber dennoch als solche eingestuft werden (Deemed Compliant FFI)*
- *FI, die auf Grund ihres Status grundsätzlich von der Besteuerung ausgenommen sein werden, z.B.:*
  - *Bestimmte Holdinggesellschaften*
  - *Start-Ups (bis 24 Monate nach Gründung)*
  - *NFFE, die sich Liquidation/ Auflösung befinden*
  - *Versicherungen, außer Lebensversicherungen/ Rentenversicherungen*

Das IRS beabsichtigt, zügig einen ersten Entwurf eines FFI Vertrages zur Verfügung zu stellen.

Institute, die auf Grund ihres Geschäftes nun unter die Ägide des FATCA fallen, und das sind eine Menge, müssen feststellen, welche Kategorie auf sie zutrifft. Institute, die bereits heute QI oder PAI sind, werden voraussichtlich unter die FFI Kategorie fallen. Für Institute, die bislang durch das QI Regime nicht oder nur indirekt (z.B. Fonds) betroffen waren, hängt die Kategorisierung von Art und Umfang des Geschäftes ab.

Abhängig von der Kategorie wird auch der Umsetzungs- und Administrationsaufwand sein. Deswegen sollte dieser Aspekt früh in die strategischen Überlegungen einbezogen werden.

Dokumentation

FATCA sieht für Participating FFI eine wesentlich intensivere Kundenidentifikation vor, unabhängig ob Einzelpersonen, Gemeinschaften oder Gesellschaften. Generell sehen die Paragraphen 1471 und 1472 vor, dass ein FFI u.a. unterscheiden muss

- *zwischen U.S. Personen und Nicht-U.S. Personen*

-   zwischen U.S. Personen als 'specified U.S. Persons'
oder als 'other U.S. Persons'

-   zwischen Participating FFI, deemed compliant FFI
und non-participating FFI

Bestehende Dokumentationen mit W-9 und W-BEN sol-
len, zumindest bis deren Ablauf, weiterhin Gültigkeit haben.
Zu W-8IMY wurden keine Aussagen in der Notice getroffen,
dürfte aber auf Grund der FFI Regelungen entfallen. Für
FFI will das IRS Employer Identification Numbers (EIN)
ausgeben, wie sie heute schon für QI bekannt sind. EIN sol-
len zu einem späteren Zeitpunkt durch ein elektronisches
Verfahren über das IRS überprüfbar sein. Möglich ist auch
ein modifiziertes W-8IMY Formular, wo die EIN eingetragen
werden kann.

Einer der kritischsten Punkte der Eingaben an das IRS
waren zusätzliche Dokumentationsaufwendungen für existie-
rende Kunden. Dem scheint das IRS mit dieser Notice 2010-
60 teilweise Rechnung getragen zu haben, zumindest für ei-
ne Übergangszeit von bis zu 5 Jahren.

Existierende Kunden werden darin definiert als beste-
hend zum Zeitpunkt der Wirksamkeit eines FFI

Agreements. Dies dürfte der 01.01.2013 sein, auch wenn das IRS dies in der Notice nicht klar hervorgehoben hat.

Demnach sieht Notice 2010-60 vor:

- *Kunden, die bereits als U.S. Personen bekannt sind, z.B. durch W-9, fallen unter die Bezeichnung ' Specified U.S. Persons'*
- *Für alle anderen Kunden reicht eine Prüfung der bestehenden elektronischen Daten aus, um festzustellen, ob der Status einer U.S. Person vorliegt oder nicht. Dies sind die in den Systemen hinterlegten Kundenstammdaten. Ein Indiz auf eine U.S. Person ist u.a.:*
  - *U.S. Wohnsitz oder Staatsbürgerschaft*
  - *U.S. Reisepass*
  - *U.S. Adresse*
  - *Geburtsort in den USA*

Liegt ein Indiz auf eine U.S. Person vor, ist ein W-9 einzuholen, außer der Kunde kann nachweisen, dass er keine U.S. Person ist, z.B. durch deutschen Personalausweis, also erstmal 'schuldig', außer man kann das Gegenteil beweisen.

Für bestehende Kundenbeziehungen gelten auch solche als 'non-U.S. Accounts', die im Jahr vor Wirksamkeit des FFI Vertrags einen durchschnittlichen Kontostand (Stand vom Monatsende) von weniger als USD 50,000.00 aufweisen.

FFI haben nach In Kraft treten Wirksamkeit des FFI Agreements 1 Jahr Zeit, diese Prüfungen für existierende Kunden vorzunehmen. Kunden, die zusätzliche Dokumentationen einreichen müssen, haben hierfür ebenfalls 1 Jahr nach Anfrage durch den FFI Zeit. Für Neukunden gilt dieser Prüfungsmechanismus mit Wirksamkeit des FFI Agreements.

Reporting

Das den QI bekannte Reporting wird erweitert, allerdings haben die FFI dann die Möglichkeit zwischen 1099 und einem neuen Reporting Verfahren zu wählen.

Neues Reporting für U.S. Personen beinhaltet Meldung von:

- *Name, Adresse, Steuernummer*

- *Konto-/Depotnummer*

- *Kontostand (Bedingungen noch nicht festgelegt)*

- *Geldein- und Ausgänge von Konten (Bedingungen noch nicht festgelegt)*

Die Meldungen müssen elektronisch erfolgen. Die Möglichkeit des Reporting in Papierform bei weniger als 250 Belegen entfällt. Alternativ besteht die Möglichkeit, weiterhin per 1099 (Section 6041, 6042, 6045) zu berichten.

19. Notice 2011-34

oder

Good Morning America

Interessanterweise haben U.S. Finanzinstitute, mit einigen wenigen Ausnahmen, FATCA bislang kaum Beachtung geschenkt. Das mag mit dem ersten F in FATCA zu tun haben.

Mit zunehmenden Details zu den Regulierungen von FATCA ist das Land aber langsam aufgewacht und hat gemerkt, dass fast alle Institute in den USA, seien es Banken, Broker, Fondsgesellschaften oder Versicherungen, Kunden im oder aus dem Ausland haben, nicht umher kommen, sich mit FATCA zu befassen.

Selbst die kleine Sparkasse im Herzen von Kansas kann also betroffen sein.

Der 'Rest der Welt' hat in bislang selten gesehener Dynamik einen Teil der Ideen, und mehr als Ideen waren es bislang ja nicht, der U.S. Behörden kommentiert, was dazu geführt hat, dass ein Teil besagter Ideen aus der Notice 2010-60 mit der nächsten Notiz am 08. April 2011, der IRS Notice 2011-34[27], wieder kassiert wurden, sich aber am Horizont bereits neues Ungemach ankündigte.

FATCA war auf der Zeitachse noch eine ganze Ecke weg, im Portemonnaie hat es sich aber schon sehr bemerkbar gemacht. Für die Beratungsindustrie, zu der sich auch der Autor zählt, brachen wahrlich goldene Zeiten aus. Mit allem was FATCA so an Neuerungen angedacht hat, hat man sich verständlicherweise ein bisschen an die U.S. Devise von 'shock and awe' aus der Zeit nach 9/11 erinnert. Schocks (shock) sollten noch reichlich folgen und aus dem Staunen (awe) kam man auch selten raus.

In solch einem Umfeld der Verunsicherung sind Berater und Spezialisten gefragt, die dabei helfen sollen, das eingangs Unverständliche einigermaßen nachvollziehen zu können und das unvermeidlich Unfassbare zu akzeptieren.

---

[27] Quelle: http://www.irs.gov/irb/2011-19_IRB/ar09.html

Dass Hilfe dieser Art seinen Preis hat, lässt sich unschwer erahnen. Die Auftragsbücher der Beratungsindustrie hatten sich in 2011 dabei kräftig gefüllt und haben es einer Heerschar von Jungakademikern erspart, erste Beratungserfahrung erst einmal beim Burgerbrater, in den USA 'Burger Flipper' genannt, um die Ecke zu sammeln, oder als Taxifahrer ortskundig zu werden.

Eben diese Berater, mich selbst wie gesagt eingerechnet, waren dann Teil der 'Ghostwriter' für diese Eingaben an das IRS. Diese sowie weitere Überlegungen des IRS wurden dann über die Notice 2011-34 der Öffentlichkeit zugänglich gemacht.

Auch zu dieser Notice nun eine Zusammenfassung der wichtigsten Elemente daraus aus meinem Newsletter # 3 vom April 2011.

FFI Status

Qualified Intermediary (QI)

Es ist vorgesehen, dass QI einen FFI Status annehmen müssen. Hierzu sollen die für QI geltenden Regeln aus Chapter 3 mit denen für FATCA geltenden aus Chapter 4 angeglichen werden. Somit wären QI ab 01.01.2013 auch FFI, entweder mit einem Vollstatus bzw. Participating FFI (PFFI) oder einem Deemed Compliant FFI (DCFFI) Status.

Deemed Compliant FFI

Die Kriterien, unter denen ein DCFFI Status eingenommen werden kann, wurden nun konkretisiert.

Ein FFI ('Local Bank'), der zu einer Gruppe von FFI (Affiliated Group) gehört, z.B. Tochterunternehmen, Filialen, etc. kann unter bestimmten Voraussetzungen einen DCFFI Status einnehmen. Zu diesen Voraussetzungen gehören, dass alle FFI in der Gruppe

- *im selben Land ansässig sind und*
- *keine Konten und Depots von Kunden mit Wohnsitz im Ausland unterhalten werden*

Vor allem die letztgenannte Voraussetzung ist für die überwiegende Zahl von FFI in Europa nicht erfüllen, da Kunden mit Auslandswohnsitz zur gängigen Praxis gehören.

Ein DCFFI Status ist auch möglich, wenn ein FFI, der zu einer Gruppe von FFI (Affiliated Group) gehört, z.B. Tochterunternehmen, Filialen, etc., unter denen zumindest ein FFI einen PFFI Status hat, und bestimmte Voraussetzungen erfüllt. Zu diesen Voraussetzungen gehören, dass

- *der FFI nur im Inland tätig ist und*
- *keine Kundenbeziehungen zu U.S. Personen, Non-Participating FFI (NPFFI) und Non-Financial Foreign Entity (NFFE) unterhält bzw. solche auf den jeweiligen PFFI in der Gruppe überträgt*

Die zweite Bedingung dürfte für die meisten FFI wiederum schwer zu erfüllen sein, da sich die betroffenen Kunden nicht so einfach transferieren lassen, insbesondere wenn der dazugehörende PFFI seinen Sitz im Ausland hat.

Ein DCFFI Status muss beim IRS beantragt werden. DCFFI erhalten ebenfalls eine FFI Employer Identification Number (FFI-EIN). Alle 3 Jahre muss die Einhaltung der Vorschriften dem IRS bestätigt werden.

Bestehende Konten und Depots

*Der Umgang mit Konten und Depots, die zur Wirksam-
werden des FFI Agreement, geplant zum 01.01.2013, bereits bestanden haben (Pre-existing Accounts), wurde in IRS
Notice 2011-34 neu gefasst und ersetzt somit die Ausführun-
gen aus IRS Notice 2010-60 in Section III.B.2a. Hierzu ist
nun ein Prüfverfahren in fünf Schritten angedacht. Sie mer-
ken schon, wer erst jetzt in die FATCA Materie eingestiegen
ist, hat bislang wenig versäumt und dabei womöglich an-
ständig Geld und Zeit gespart sowie die Nerven geschont.*

Schritt 1: Dokumentierte U.S. Personen

*Dies sind die Kunden, die bereits heute bzw. zum
31.12.2012 als U.S. Personen bekannt und als solche dokumentiert sind. Es wird in der Notice nicht explizit auf eine
Dokumentation durch ein W-9 abgestellt. Bekannte U.S.
Personen ohne W-9 werden als Recalcitrant eingestuft.*

Schritt 2: USD 50.000 Grenze

Von denen aus Schritt 1 verbliebenen Kunden sind solche Kunden zu selektieren, deren Konto- bzw. Depotstand zum 31.12.2012 umgerechnet USD 50.000 oder weniger ausweist. Die Notice erläutert an dieser Stelle nicht genau, was in die Ermittlung einbezogen werden soll und kann. Es ist aber vom Gesamtengagement eines Kunden auszugehen, somit die Summe aus Konto- und Depotanlagen auf Kundenebene, z.B. Stammnummer. Dies kann elektronisch ausgewertet werden.

Schritt 3: Private Banking Accounts

Von denen aus den vorherigen Schritten verbliebenen Kunden sind solche zu identifizieren, die dem Private Banking bzw. Wealth Management oder High Net Worth Individuals zuzuordnen sind bzw. separat betreut werden. Für diese Kunden sind alle vorliegenden Unterlagen in elektronischer Form, Schriftform oder nur dem Berater be-

kannte Informationen nach U.S. Indizien (siehe Schritt 4) zu
überprüfen und Kunden gegebenenfalls als U.S. Personen zu
klassifizieren und zu dokumentieren. In der Praxis kann das
in der Betreuung außerhalb der Konto- und Depotbeziehung
vorkommen, z.B. in einer treuhänderischen Betreuung oder
einem Family Office. Hier empfiehlt sich im Vorfeld eine
Checkliste bzw. einen Fragebogen zu erstellen, anhand des-
sen die zuständigen Berater die Sichtung der betroffenen
Kunden vornehmen können.

Schritt 4: U.S. Indizien

Von denen aus den vorherigen Schritten verbliebenen
Kunden sind solche durch elektronische Auswertungen zu
identifizieren, die U.S. Indizien aufweisen und somit ohne
anderweitige Dokumentation als U.S. Personen einzustufen
sind. Zu den U.S. Indizien gehören nun insbesondere:

- *Adresse bzw. Postfachadresse in den USA*
- *Ausschließliche Postfachadresse bzw. Postabholer*
- *Geburtsort in den USA*

- *Dauerhafte, regelmäßige Zahlungen in die USA (Dauerauftrag)*

- *Benennung eines Bevollmächtigten oder Unterschriftsberechtigten mit U.S. Adresse*

Schritt 5: USD 500.000 Grenze

Von denen aus den vorherigen Schritten verbliebenen Kunden sind solche mit einem Konto- bzw. Depotstand vom 31.12.2012 von umgerechnet USD 500.000 oder mehr zu ermitteln.

Für die betroffenen Kunden sind die elektronischen und in Papierform verfügbaren Unterlagen auf U.S. Indizien zu überprüfen.

Die Schritte 1, 2 und 3 sind bis spätestens zum Ende des ersten Jahres nach dem Wirksamwerden des FFI Agreements durchzuführen, voraussichtlich der 31.12.2013.

Die Schritte 4 und 5 sind bis spätestens zum Ende des zweiten Jahres nach dem Wirksamwerden des FFI Agree-

ments durchzuführen, voraussichtlich der 31.12.2014. Schritt 5 ist danach für alle Kunden, die in den Folgejahren ebenfalls die USD 500.000 Grenze überschritten haben, jeweils zum Jahresende durchzuführen. Für alle Schritte ist die Rückmeldung der betroffenen Kunden vor der Bestätigung an das IRS einzuholen.

Da die Schritte 3, 4, und 5 einige Gemeinsamkeiten bzw. Überschneidungen aufweisen, bietet es sich an, diese Überprüfungen in einer Aktion durchzuführen.

Nicht dokumentierte Kunden aus den Schritten 3, 4 und 5 sind als 'Recalcitrants' einzustufen, somit Kunden die eine Dokumentation oder eine Meldung an das IRS verweigern.

Zertifizierung

Die Ergebnisse der Überprüfung bestehender Konten und Depots sind durch den FFI zu bestätigen. Hierzu hat der Chief Compliance Officer oder eine Person in vergleichbarer Stellung dem IRS die Richtigkeit und Vollständigkeit der Durchführung der Schritte 1 – 5 anzuzeigen.

Zur Zertifizierung gehört die Bestätigung, dass die Bank vom Zeitpunkt der Veröffentlichung der Notice 2011-34 im IRB 2011-19, somit dem 09.05.2011, bis zur Wirksamkeit des FFI Agreements keinerlei Aktivitäten unternommen hat, um die Identifikation on U.S. Personen zu vermeiden oder zu verhindern.

Zusätzlich ist zu bestätigen, dass der FFI seinen Mitarbeiten ab der Unterzeichnung des FFI Agreements untersagt, U.S. Personen darin zu beraten, ihre Identifizierung als solche zu verhindern oder zu umgehen.

Der FFI hat durch interne Richtlinien dafür Sorge zu tragen, dass diese Zertifizierung geleistet werden kann, um den FFI bzw. die unterzeichnende Person vor Schaden für den Fall einer 'Falschaussage' zu schützen.

Zur Absicherung könnte vor der Zertifizierung eine Überprüfung durch die Innenrevision oder eine externe Prüfungsgesellschaft erwogen werden.

Recalcitrants

Von Recalcitrants ist vom FFI so schnell wie möglich eine Dokumentation einzuholen. Das IRS will die Marktteilnehmer nachdrücklich auffordern, keine dauerhaften Kundenbeziehungen zu Recalcitrants zu unterhalten und wird noch festlegen unter welchen Umständen es das FFI Agreement aufkündigen würde.

Passthru Payments

PPP

Die mit Abstand fantastischste Idee, mit der die U.S. Behörden sicherstellen wollten, dass auch wirklich jeder Betrag, der auch nur annähernd mit den USA in Verbindung gebracht werden kann und somit irgendwie nach U.S. Gusto besteuert oder gemeldet werden soll, sollte durch Einführung des sogenannten Passthru Payment Percentage (PPP) erreicht werden. Wenn sie jetzt anmerken, dass das Wort Passthru nicht existiert oder falsch geschrieben wurde; lassen Sie es einfach dabei bewenden.

Mit neuen Gesetzen werden andere Gesetzmäßigkeiten, in dem Fall die englische Sprache manchmal scheinbar auch ausgehebelt. Auch Anmerkungen gegenüber den U.S. Behörden hinsichtlich der Schreibweise wurden vom Tisch gefegt; es wäre ja noch schöner, wenn man vom 'Rest der Welt' auch noch gesagt bekommen würde, was denn nun gutes oder richtige amerikanische Englisch wäre.

Letztlich befindet man sich im 'Land of the Free', also kann man auch schreiben wie man will. Auf jeden Fall war der PPP der Partyknaller unter der Beraterzunft. Alleine die grobe Idee zu vermitteln, was es mit dem PPP auf sich hat, war schon ein kaum fassbares, dafür umso lukrativeres Unterfangen. Aber nun wieder zurück zum Sachlichen.

Das IRS bezeichnet Zahlungen, die durch den FFI an Recalcitrants (die Bösen) und and Non-participating FFI (NPFFI, mindestens genauso böse) fließen, als Passthru Payments, die in vollem bzw. in Teilen mit 30% FATCA Steuer zu belegen sind.

Dies sind zum einen Zahlungen, die Ertragssteuern unterliegen können, sog. Withholdable Payments wie z.B. Dividenden, Zinsen, Veräußerungen oder Fälligkeiten aus U.S.

Quellen (FDAP). Hier sind die 30% auf die Bruttozahlungen zu erheben.

Zum anderen sind dies alle anderen Zahlungen, die ebenfalls Withholdable Payments generieren können. Solche Zahlungen sind mit dem sog. Passthru Payment Percentage (PPP) zu belegen und das Ergebnis der 30% FATCA Steuer zu unterwerfen.

Der PPP Faktor ermittelt sich aus der Bilanz des FFI, indem U.S. Aktiva durch die Gesamtaktiva geteilt werden. Zu den U.S. Aktiva zählen keine Kundenanlagen.

Ein Beispiel wäre eine Beteiligung des FFI an einem U.S. Unternehmen oder Eigenanlagen in U.S. Instrumenten. Dies wird als Payor PPP bezeichnet. Ist eine Beteiligung oder Anlage selbst FFI, gilt der PPP dieses FFI bzw. der Issuer PPP. U.S. Wertpapiere, die unter die Grandfather Rule fallen, somit vor dem 18.03.2012 emittiert wurden, werden nicht zu den U.S. Anlagen gezählt.

Da Kundenanlagen nicht zur Ermittlung der U.S. Aktiva einbezogen werden, wird der PPP i. d. R. eher niedrig aus-

fallen, da FFI meist über keine oder geringe U.S. Anlagen verfügen.

Für FFI ist die Identifizierung von Withholdable Payments problematisch, da sich Zahlungen, die nicht klar auf einen Anlage- oder Wertpapierbestand zurückführen lassen, meist nicht identifizieren lassen, z.B. Mieteinnahmen. Nicht identifizierbare Zahlungen würden somit eher mit dem PPP beleget.

FFI sollen ihren PPP auf Quartalsbasis ermitteln und veröffentlichen. Bei unveröffentlichtem PPP gilt ein PPP von 100%.

Wir wollen einmal an einem kleinen Beispiel verdeutlichen. Stellen wir uns vor, eine deutsche Aktiengesellschaft notiert im DAX hat auch eine U.S. Beteiligung.

Nun unterstellt die Idee des PPP, dass die Dividende der Gesellschaft somit auch einen U.S. Anteil enthält, eben den PPP. Hier kurz ein vereinfachtes Beispiel zum mitrechnen:

Die Aktiengesellschaft schüttet eine Dividende von EUR 100 aus. Der Anteil der U.S. Beteiligung, z.B. ein Casino in

Las Vegas, um zum Einen ein Beispiel aus der Praxis heran-
zuziehen und zum Anderen spätestens jetzt den Kreis in Las
Vegas, dessen Erzählungsbogen dieses Buch so illuster ge-
staltet haben zu schließen, macht z.B. 2% der Bilanzsumme
aus, ob das bei der besagten namhaften deutschen Bank tat-
sächlich so war, entzieht sich meiner Kenntnis und ist auch
für das weitere Verständnis nicht relevant, somit würde der
PPP 2 betragen und rein rechnerisch EUR 2 der Dividende
einer U.S. Dividende gleichkommen. So einfach kann die
Welt in reinem Schwarzweiß sein.

Nun sollte also jede Gesellschaft, die Aktien oder Beteili-
gungen begibt auf regelmäßiger Basis, angedacht war
quartalsweise (!), den PPP der Bilanzsumme, des Kapitals
oder eines anderen Wertes zu ermitteln und zu veröffentli-
chen.

Das klingt vielleicht bei erstem hinhören nicht sonderlich
schwer, immerhin werden Börsenkurse täglich ermittelt.
Aber wie ist es mit sonstigen Werten, wie bereits genanntem
Casino? Eine globale Gesellschaft mag zudem hunderte
kleiner Gesellschaften weltweit unterhalten und da eine re-
gelmäßige Bewertung des U.S. Anteils davon lässt schnell

erkennen, wie schwierig sich dieses Unterfangen nach an-
fänglicher Überlegung realisieren lassen würde.

Reporting

Mit Notice 2011-34 gibt es als Resultat auf die Eingaben
der Marktteilnehmer und Verbände merkliche Veränderun-
gen zu den Vorgaben des IRS aus früheren Veröffentlichun-
gen, sowohl was das reine FATCA Reporting angeht wie
auch die Auswirkungen auf QI.

Entfallen sind allgemeine Konto Ein- und Auszahlungen
gem. Section 1471(c)(1)(D) und die grundsätzliche Ver-
pflichtung zum Cost Basis Reporting auf 1099-B. Davon
unberührt bleibt die Verpflichtung zum Cost Basis Reporting
im Falle von sog. 'Sales Effected in the U.S. ', das ist aber
eine andere Geschichte. Entschärft wurde zudem das Repor-
ting des regelmäßigen Kontostandes aus Section
1471(c)(1)(C).

Das in Notice 2010-60 und in den Final Regulations zum
Cost Basis Reporting angedeutete Wahlrecht zwischen QI

Reporting 1099 (Section 6041, 6042, 6045) steht nun nicht mehr im Raum. Vielmehr wurden die Ansätze aus dem QI Reporting in das FATCA Reporting übernommen und erweitert.

Das FATCA Reporting für U.S. Personen beinhaltet nunmehr:

- Name, Adresse, Steuernummer
- Konto-/Depotnummer
- Kontostand zum Jahresende
- Bruttoerträge (Dividenden, Zinsen, Fondsausschüttungen, etc.)
- Bruttoerlöse (Wertpapier Verkäufe, Fälligkeiten, etc.)

Die Meldungen müssen elektronisch erfolgen. Die Möglichkeit des Reporting in Papierform bei weniger als 250 Belegen entfällt. Für QI verbleibt zudem die Verpflichtung zum 1042 Reporting.

Für QI bringt die Neuregelung nun weniger Veränderungen mit sich, insbesondere in Deutschland, wo das 1099-B schon seit Jahren erstellt wird. Neu hinzu kommt die Ermitt-

lung des Kontostandes. Bei 1099-B sind bei U.S. Personen mit Wohnsitz außerhalb den USA nun auch die Verkäufe und Fälligkeiten aus Nicht-U.S. Papieren melderelevant.

20. Notice 2011-53

oder

Gut Ding will Weile haben

Der nächste Wurf ließ dann auch nicht lange auf sich warten. So langsam haben die Bemühungen der Eingaben rund um den Globus auch erste Früchte getragen, eine erstaunliche Entwicklung verglichen mit dem QI System, das zwar wie ausgeführt auch gedauert hat, aber weitaus weniger Staub aufgewirbelt hat.

Hat die Öffentlichkeit von QI vor 15 Jahren noch so gut wie gar nichts mitbekommen, selbst mancher Bankvorstand mag sich unter QI auch eher einen chinesischen Zaubertrank vorstellen, hat die Presse, vor allem in der Schweiz sich auf FATCA eingeschossen, so dass es nun immer wieder Berichte in den großen Blättern gab, vielleicht nicht gerade in dem Blatt mit den vier großen Buchstaben und den vielen Bildern.

Notice 2011-53[28] sollte als Ergänzung zu Notice 2010-60 und 2011-34 verstanden werden und es wurde darin vor allem auf der Zeitachse geschoben. Eine Einführung zum 1. Januar 2013 war schon lange nicht mehr haltbar.

Die technische und operative Umsetzung gesetzlicher Vorgaben nimmt erfahrungsmäßig mindestens 18-24 Monate in Anspruch. Es war somit nur konsequent, hier die Einführungs- und Umsetzungstermine der Realität anzupassen; es sollte nicht das letzte Mal gewesen sein.

Höhepunkte aus der Notice wiederum aus meinem Newsletter, diesmal die # 4 vom Juli 2011:

FFI Status

Das IRS will zum 01.01.2013 ein elektronisches Antragsverfahren für Foreign Financial Institutions (FFI) bereitstellen. FFI haben danach Zeit bis zum 30.06.2013, um auf die-

---

[28] Quelle: http://www.irs.gov/irb/2011-32_IRB/ar09.html

sem elektronischen Wege einen Antrag auf FFI Status zu stellen.

Damit soll sichergestellt werden, dass mit Wirksamwerden der FATCA Steuer ab 01.01.2014 die Bearbeitung des FFI Status durch das IRS erfolgen kann und damit kein Steuerabzug von Zahlungen an Participating FFI (PFFI) erfolgt. Ein Antrag auf FFI Status ist auch nach dem 30.06.2013 möglich, birgt aber das Risiko, dass der Antrag durch das IRS bis 01.01.2014 nicht mehr rechtzeitig bearbeitet werden kann, damit zum 01.01.2014 noch kein PFFI Status besteht und bis zur Erlangung des PFFI Status somit ein Steuerabzug erfolgt.

Für Institute, die bis 30.06.2013 einen Antrag auf FFI Status stellen, wird das FFI Agreement frühestens zum 01.07.2013 wirksam. Für Institute, die nach dem 30.06.2013 einen solchen Antrag stellen, erhalten den FFI Status mit dem Datum des Wirksamwerdens des FFI Agreements.

Neukundenprozess

PFFI sind verpflichtet mit Wirksamkeit des FFI Agreements U.S. Personen nach den in IRS Notice 2010-60 definierten Kriterien zu identifizieren und zu dokumentieren. Dies erfolgt somit frühestens ab dem 01.07.2013.

Bestehende Konten und Depots

Der Umgang mit Konten und Depots, die bei Wirksamwerden des FFI Agreement, somit nun ab dem 01.07.2013, bereits bestanden haben (Pre-existing Accounts), wurde mit IRS Notice 2011-53 bezüglich des 3. Prüfungsschrittes (Private Banking accounts) in Teilen modifiziert bzw. in 2 Kategorien unterteilt.

PFFI, die bis zum 30.06.2013 einen Antrag auf FFI Status gestellt haben, müssen dann innerhalb eines Jahres nach Wirksamwerden des FFI Agreements, somit frühestens zum 30.06.2014, Schritt 3 (Private Banking Accounts von Privat- und Geschäftskunden) der Überprüfung von Bestandskunden gemäß den Vorgaben aus Kapitel I.A.2 der IRS Notice 2011-34, durchführen, aber nur sofern der Konto- bzw. Depotstand zu diesem Zeitpunkt USD 500.000 oder mehr beträgt.

Für Konten und Depots, die auch unter den Schritt 3 fal-
len, aber zum 30.06.2013 einen Konto- bzw. Depotstand von
weniger als USD 500.000 aufweisen, muss dieser Schritt
entweder innerhalb eines Jahres nach Wirksamwerden des
FFI Agreements erfolgen oder bis zum 31.12.2014. Es gilt
das spätere Datum.

Das IRS hat damit den Schritt 3 der Überprüfung von Be-
standskunden nach der Höhe des Bestandsvolumens ge-
trennt. Hier lässt sich die Absicht des IRS erkennen, dass der
primäre Fokus auf den besonders hohen Bestandsvermögen
liegt.

Alle anderen Bestandskunden, somit alle Konten- bzw.
Depots, die nicht unter die Private Banking Definition fallen
und deren Konto- bzw. Depotstand von über USD 50.000
bzw. über USD 500.000 aufweisen, müssen anhand der Vor-
gaben aus IRS Notice 2010-60 und 2011-34 (Schritte 4 und
5) innerhalb von 2 Jahren nach Wirksamwerden des FFI
Agreement, somit frühestens bis zum 30.06.2015, überprüft
werden.

Neu festgelegt wurde, dass die mit Überprüfung beste-
hender Private Banking accounts beauftragen Personen
durch den PFFI selbst bestimmt werden können.

Der Überprüfung von Bestandskunden, die in den Folge-
jahren erstmalig einen Konto- bzw. Depotstand von über
USD 500.000 aufweisen (Schritt 6) entfällt. Eine Ausnahme
davon wäre eine Änderung (change of circumstance) der
Kundenbeziehung. Welche Änderungen dies sein könnten,
sind durch das IRS noch zu definieren.

Das IRS beabsichtigt zudem in den ausstehenden Regula-
tions mehr Klarheit zur Definition und Überprüfung von
Private Banking accounts zu schaffen.

Für FFI ist es, abhängig von der Institutsgröße und
Struktur, aus organisatorischen Gründen überlegenswert,
die einzelnen Schritte der Überprüfung von Bestandskunden
in Teilen oder Gesamthaft durchzuführen.

Reporting

Alle mit W-9 dokumentierten U.S. Personen sind bis zum 30.09.2014 an das IRS zu melden. Dies betrifft sowohl Bestandskunden vor dem Wirksamwerden des FFI Agreements wie Neukunden nach dem Wirksamwerden des FFI Agreements.

Für das 1. Reporting Jahr (2013) wurde der Reporting Umfang für PFFI reduziert, sofern diese nicht für eine Reporting analog einer U.S. Zahlstelle nach Section 1471(c)(2) ('Full 1099') optieren. Für 2013 sind somit für alle U.S. Personen zu melden:

- *Name*
- *Adresse*
- *Kontonummer*
- *TIN*
- *Kontostand per 31.12.2013 bzw. letzter Kontostand bei Kontoschließung*

Für 2014 und die Folgejahre gilt dann das in Section 1471(c) vorgesehene bzw. in IRS Notice 2011-34 beschriebene Reporting. Insbesondere kommen dann die Bruttoerlöse aus Verkäufen und Fälligkeiten hinzu.

Dokumentierte Kunden, die auf Grund rechtlicher und anderer Beschränkungen nicht offen gelegt werden dürfen, sollen wie Recalcitrants gemeldet werden bzw. wie in IRS Notice 2010-60 und in den kommenden Regulations beschrieben. Alle Recalcitrants, die bis zum 30.06.2014 identifiziert sind, sollen dem IRS bis zum 30.09.2014 gemeldet werden.

Passthru Payments

Passthru Payments waren das Kernthema der Eingaben zu Notice 2011-34 an das IRS, insbesondere die Ermittlung des Passthru Payments Percentage (PPP). Die Ermittlung und Anwendung des PPP ist einer der komplexesten Bestandteile von FATCA und aus organisatorischer und technischer Sicht aufwendig in der Umsetzung.

Die Anwendung der 30% FATCA Steuer auf sog. FDAP Zahlungen (Fixed, Determinable, Annual, Periodic), z.B. Dividenden, Zinsen oder Mieteinnahmen aus U.S. Quellen an Recalcitrants und an nicht teilnehmende FFI (NPFFI) ist nun erst ab 01.01.2014 vorgesehen.

Die Erhebung der 30% FATCA Steuer auf Bruttoerlöse (Gross Proceeds) aus Verkäufen und Fälligkeiten aus ist nun erst ab 01.01.2015 vorgesehen.

Handelt es sich um 'sonstige' Zahlungen (Other payments attributable to withholdable payments), so ist der PPP und die darauf zu rechnende 30% FATCA Steuer ebenfalls ab 01.01.2015 anzuwenden.

PFFI müssen demnach ihren PPP frühestens im 1. Quartal 2014 erstmalig ermitteln und veröffentlichen. .

IRS Publikationen

Das IRS hat für die nächsten 12 Monate weitere Publikationen angekündigt, erstmalig mit konkreteren Daten bzw. Zeiträumen, die es FFI besser ermöglichen soll, die Umsetzungsprojekte zu planen und zu steuern.

Angekündigt sind:

-   Proposed Regulations sollen bis 31.12.2011 veröffentlicht werden

- *Final Regulations sind für Sommer 2012 vorgesehen*
- *Entwurf und finale Version FFI Agreement sind für Sommer 2012 vorgesehen*
- *Formulare für das Reporting ab 2013 sind für Sommer vorgesehen*

Die bislang veröffentlichten, teilweise revidierten Veröffentlichungen IRS Notice 2010-60, 2011-34 und 2011-53 werden in die Regulations übernommen.

Ausstehend sind darüber hinaus u. a. noch:

- *Detailinformationen zum elektronischem FFI Antragsverfahren*
- *Formulare zur Selbstdeklaration von PFFI/ DCFFI gegenüber Marktteilnehmern, ähnlich den W-8 Formularen unter QI oder alternativ zentrale IRS Datei/ Webseite aller PFFI/ DCFFI*
- *Verfahren zur Veröffentlichung des PPP*

Qualified Intermediary (QI)

Das IRS hat alle QI Agreements, die zum 31.12.2012 auslaufen würden und dann verlängert werden müssten, automatisch um ein Jahr bzw. bis zum 31.12.2013 verlängert. Für QI, die das FFI Agreement bis zum 31.12.2013 unterschrieben haben, erneuern damit auch faktisch ihr QI Agreement mit dem IRS.

Zwischenstaatliche Verträge /
Proposed Regulations

oder

Der Beginn einer internationalen Liebesgeschichte

D er Widerstand vom Rest der Welt war anfangs groß und die Blogosphäre ist zur Höchstform aufgelaufen. Aber wie das bei Liebesbeziehungen manchmal so ist; auf den zweiten Blick erscheint einem der Gegenüber doch sympathisch und eine Annäherung findet statt. So auch geschehen mit FATCA.

Während draußen noch die Finanzinstitute über Auswege aus dem Regulierungswahn sinnierten, Sie mögen sich an die Wortschöpfung ´Fear and Total Confusion Act´ erinnern, machten sich einige EU Länder, 5 an der Zahl, daran, mit den USA Konsultationen aufzunehmen, wie man denn aus dem Unvermeidlichen der U.S. Gesetzgebung etwas Nützliches für die EU abgewinnen könnte.

Letzthin hat FATCA etwas erreicht, wovon u.a. die Europäische Union (EU) bislang nur träumen konnte; einen internationalen Austausch steuerlicher Daten, verordnet durch die Hintertür und ohne den mühsamen Weg über die EU Gesetzgebungsorgane gehen zu müssen, eine Abkürzung eines ansonsten wohl viele Jahre dauernden Prozesses.

Ideen der EU zum Austausch von Finanz- und Steuerdaten reichen bis in die 80er Jahre zurück. Um so etwas, damals wie heute, in einem vielschichtigen Flickenteppich wie der EU, mit fast so vielen Sichtweisen wie Mitglieder, realisiert zu bekommen, bedurfte es dann aber scheinbar der Anschubhilfe durch die USA.

Am 8. Februar 2012, am selben Tag an dem von den U.S. Behörden auch der ´Regulierungsvorschlag´ (Proposed Regulations)[29] vorgelegt wurde, haben die Regierungen von Deutschland, Frank-

---

[29] Quelle: http://www.irs.gov/pub/newsroom/reg-121647-10.pdf

reich, Italien, Spanien und dem Vereinten Königreich, sowie die USA eine gemeinsame Erklärung (Joint Statement)[30] abgegeben.

Darin haben sich die 5 Länder dazu bekundet, ein gemeinsames Vertragswerk zu entwerfen und damit bilaterale Verträge mit den USA einzugehen. Leider wurde dabei die Chance vertan, einen einheitlichen Vertrag auf Ebene der EU anzustreben. Aber Einheitlichkeit und Einigkeit innerhalb der EU ist auch ohne die USA schon ein schwieriges Unterfangen, nicht nur bei der PKW Maut.

Nach den IRS Veröffentlichungen der Notice 2010-60 im August 2010, der Notice 2011-34 vom April 2011 und der Notice 2011-53 im Juli 2011 werden mit den vorliegenden Proposed Regulations die Details für die Umsetzung ʹvorgeschlagenʹ. ʹVorgeschlagenʹ soll heißen, dass jetzt langsam die letzte Gelegenheit gekommen ist, noch Einfluss auf die dann finale Version zu nehmen, und in dem Fall wurde sie weidlich genutzt.

Die zeitgleich veröffentlichte Ankündigung von 5 EU Staaten und den USA, über einen separaten, zwischenstaatlichen Vertrag der teilnehmenden Staaten (FATCA Partner) und den USA sieht für die FATCA Partner erhebliche Erleichterungen in der Umsetzung

---

[30] Quelle: http://www.treasury.gov/press-center/press-releases/documents/020712%20Treasury%20IRS%20FATCA%20Joint%20Statement.pdf

vor. Noch unklar ist, wie diese Verträge im Detail aussehen werden, welche Staaten sich zusätzlich beteiligen werden und welche Auswirkungen der Vertrag auf die finale Umsetzungsrichtlinie (Final Regulations) haben wird.

Die Finanzdienstleister und Verbände haben schnell angekündigt, die Eingabefrist beim IRS bis 30. April 2012 aktiv zu nutzen, um weitere Erleichterungen bei der Umsetzung zu erreichen.

Im Folgenden nun die Kernelemente aus den 388 Seiten der Proposed Regulations zu FATCA, oder etwas konkreter formuliert, Chapter 4, Subtitle A, Sections 1471 – 1474 of the Internal Revenue Code of 1986) und natürlich zum Joint Statement. Da wir auch an dieser Stelle das Rad nicht neu erfinden wollen, greifen wir wieder auf eine bestehende Unterlage des Autors zurück, in diesem Fall der Newsletter # 5 vom Februar 2012:

Zwischenstaatlicher Vertrag

Die nahezu zeitgleich mit den Proposed Regulations veröffentlichte Erklärung (Joint Statement) von Deutschland, Frankreich, Italien, Spanien, dem Vereinten Königreich

(FATCA Partner) und den USA kam nicht nur für die Märkte sehr überraschend. Hinter den Kulissen wurde auf staatlicher Ebene offensichtlich seit einiger Zeit intensiv an einer zwischenstaatlichen Vereinbarung zu FATCA gearbeitet. Überraschend war das nicht nur für die betroffenen Institute sondern auch für das IRS selbst. Federführend in den Verhandlungen für die USA war offensichtlich das Treasury ohne weitere Einbindung des IRS.

Die Verträge sollten im Kern vorsehen, dass

- die besagten Länger (FATCA Partner) Verträge mit den USA schließen, somit kein separates FFI Agreement zwischen dem IRS und Instituten in den Vertragsländern, sondern lediglich eine Registrierung der Institute
- diese Institute sich ansonsten zur Kundenidentifikation und Dokumentation verpflichten
- die betroffenen Institute ein Reporting an eine lokale Regierungsstelle/ Behörde erstellen müssen und damit keine Meldung mehr direkt vom Institut in die USA erfolgt sondern von besagter Stelle gesammelt und zentral an das IRS übermittelt wird

- es für die Institute in dem jeweiligen Land keinen Steuerabzug der 30% FATCA Steuer auf Zahlungen an Recalcitrants geben soll (Ausnahmen zum Steuerabzug bei Zahlungen an NPFFI gibt es allerdings, soviel sei schon verraten)

- Steuern auf Passthru Payments, vorerst, auch kein Thema sein sollen

- es Reziprozität mit den USA geben soll, somit dazu, ebenfalls Daten aus den USA an die Behörden der Vertrags-länder zu melden, dazu im Verlauf auch noch mehr.

Unter der Voraussetzung, dass es einen solchen Vertrag zeitnah geben wird und dann die Details eines solchen Vertrages noch abzuwarten sind, würde er einen richtungweisenden Meilenstein in der FATCA Umsetzung darstellen.

Dies nicht zuletzt, weil der Verdacht nahe liegt, dass die Initiative dazu von Europa ausging und die 5 Länder damit vielleicht auch eigene Ziele innerhalb der EU verfolgen:

- Eine Ausweitung des Meldewesens innerhalb der EU (EU Zinsrichtlinie 2), die dann vielleicht auch andere Kapi-

talerträge wie Dividenden oder Verkaufserlöse beinhalten könnte

- *Ein ‚Hebel‘ für die ‚Teilnahmebedingungen‘ weiterer Länder in der EU, wozu die EU Kommission offensichtlich schon tagt, die dazu führen könnte, dass sich auch die verbleibenden EU Länder Österreich und Luxemburg an dem bestehenden Datenaustausch (EU Zinsrichtlinie) beteiligen, was wiederum auch ein Kriterium wäre, die Schweiz in das Meldeverfahren mit einzubinden*

- *FATCA Partner Länder könnten daran Interesse haben, ihrerseits Informationen zu Steuerpflichtigen mit Anlagen in den USA zu bekommen*

- *Keine Einstufung von Kunden als 'Recalcitrant' bzw. Beendigung solcher Kundenbeziehungen*

- *Es würde keine nicht teilnehmenden FFI (NPFFI) in einem Vertragsland geben*

Es wird neben der EU weitere Bestrebungen anderer Länder und Regionen geben, die an ähnlichen zwischenstaatlichen Vereinbarungen mit den USA interessiert sind, z.B. die Schweiz ist seit langem im bilateralen Austausch mit den USA[31]. Auch die OECD Initiativen rund um globalen Datenaustausch steuerrelevanter Daten werden durch die aktuellen Entwicklungen weiteren Auftrieb bekommen.

Zudem sind andere Regionen auch daran interessiert, steuerrelevante Kapitalströme besser kontrollieren zu können, z.B. beklagt Indien seit langem den Abfluss von ca. USD 500 Milliarden unversteuerter Gelder in Länder wie die Schweiz oder Liechtenstein[32].

So vorteilhaft der zwischenstaatliche Vertrag für Institute sein mag, die ausschließlich in einem Vertragsland aktiv sind, stellt es alle anderen Institute vor große Herausforderungen in der praktischen Umsetzung, z.B.

- Sollte der zwischenstaatliche Vertrag nicht für alle teilnehmenden Länder identisch sein, sondern womöglich auf lokale Besonderheiten eingehen wie dies auch in den Anhängen (Attachments) zu den QI Verträgen (Qualified

---

[31] Quelle: Artikel 'Die USA offerieren kooperativen Staaten eine FATCA light' in 'Neue Zürcher Zeitung' vom 11.02.2012

[32] Quelle: Artikel ‚Tax havens hindering recovery of black money' in ‚Gulf News' vom 14.02.2012

Intermediary Agreements) der Fall war, müssten die jeweiligen Abweichungen berücksichtigt werden

- Institute, die in Ländern ohne zwischenstaatliche Verträge aktiv sind, müssen dann in dem einen Land die Anforderungen aus den Proposed Regulations umsetzen, in einem anderen Land die Anforderungen aus dem zwischenstaatlichen Vertrag

- Für alle Institute, die unter den zwischenstaatlichen Vertrag fallen könnten, sind die Proposed Regulations unter bestimmten Vorbehalten zu sehen. Es ist davon auszugehen, dass Teile der Bestimmungen aus den Proposed Regulations auch unter dem Vertrag weiterhin unverändert Bestand haben, z.B. die Überprüfung der Bestandskunden. Andere Teile werden vielleicht in den Verträgen anders geregelt, z.B. das Reporting, während wiederum manche Teile komplett entfallen könnten, z.B. der Steuerabzug. Dass es in den Verträgen zu Abweichungen zu den Proposed Regulations kommen kann, wurde vom IRS bereits angedeutet.

Grandfather Rule

Die Grandfather Rule, nach der alle 'Obligations' vom FATCA Steuerabzug ausgenommen sind, die vor dem 18. März 2012 emittiert wurden, ist nun auf den 01. Januar 2013 verlegt worden.

Für alle Institute mit Qualified Intermediary (QI) Status ist dabei zu beachten, dass diese Regelungen nicht für Chapter 3 gelten. Somit können Wertpapiere, die von FATCA hinsichtlich einer steuerlichen Erhebung ausgenommen sind, unter QI weiterhin Relevanz für Steuerabzug und Reporting haben.

Bestehende Konten und Depots

Eine wesentliche Erleichterung ist der Wegfall der Private Banking Definition und der 6 Durchführungsschritte für die Überprüfung bestehender Kundenbeziehungen. Weiterhin sind Kunden unter USD 50.000 von einer Überprüfung ausgenommen, bei Kundeneinheiten (Entities bzw. NFFE) gelten USD 250.000. Kunden bis zu USD 1 Mio. müssen nun nur noch einer elektronischen Überprüfung unterzogen wer-

den bzw. elektronisch auswertbar nach U.S. Indizien untersucht werden.

Weiterhin sind nur Versicherungen mit einem so genannten Cash Value betroffen. Versicherungen mit einem Gegenwert (Cash Value) von USD 250.000 sind von FATCA ausgenommen. Vorgesehen ist auch, dass bestehende Versicherungspolicen, die vor 2013 abgeschlossen wurden, nicht unter die FATCA Besteuerung fallen sollen und somit auch einer Art Grandfather Rule gleichkommen würden.

Bei mehreren Kunden bei einem Institut oder innerhalb einer FFI Gruppe (Affiliated Group) ist eine Gesamtbetrachtung nur dann vorgesehen, wenn dies dem Institut aus rechtlichen Gründen erlaubt ist (Grenzüberschreitender Datenverkehr) und sich Kunden eindeutig (z.B. TIN) zusammenführen lassen.

Oberhalb von USD 1 Mio. muss eine Überprüfung der Kundenunterlagen sowie eine Bestätigung des Kundenbetreuers (Relationship Manager) erfolgen. Dabei ist auf Papierunterlagen aus den letzten 5 Jahren zurückzugreifen.

Interessant dabei ist, dass auf die Green Card bei der elektronischen Überprüfung nun nicht mehr explizit abgefragt werden muss, dafür ist eine U.S. Telefonnummer hinzugekommen. Für Green Card holder mit Wohnsitzland USA ist das unerheblich, weil hier der U.S. Resident Status klar ist. Green Card holder mit Wohnsitz außerhalb den USA gelten aber auch als U.S. Residents. Es ist daher davon auszugehen, dass die allgemeinen Definitionen eines U.S. Resident des Internal Revenue Code (IRC) unter Chapter 79 zum Zug kommen, die neben der Green Card auch den ´Physical Presence Test´ mit einbeziehen. .

Auf eine über die elektronische Überprüfung hinausgehende Prüfung, z.B. von Papierunterlagen, kann verzichtet werden, wenn bereits in der elektronischen Überprüfung auf die relevanten Kriterien abgeprüft bzw. ausgewertet werden kann:

- *Nationalität oder Wohnsitzstatus*
- *Wohnsitz- und Versandadresse*
- *Telefonnummer*
- *Daueraufträge in die USA*

- *Vorhandensein einer c/o Adresse oder Postabholer ('hold mail')*
- *Vorhandensein einer Vollmacht*

Auf die weiterführende Überprüfung kann auch dann verzichtet werden, wenn vom Kunden bereits ein W-8BEN oder sonstige Nachweise vorliegen, die den Nicht-U.S. Status des Kunden eindeutig belegen.

Auf die weiterführende Überprüfung kann zudem verzichtet werden, sofern es sich beim Institut um einen QI handelt und damit bestehende Kunden bereits im Rahmen des QI Agreements identifiziert und dokumentiert wurden.

Entities können bei der erweiterten Überprüfung auf bestehende Unterlagen der Geldwäscheprüfung und den KYC Regelungen zurückgreifen.

Entities über USD 250.000 aber unter USD 1 Mio. sind dann in den Folgejahren in die erweiterte Überprüfung mit einzubeziehen, sobald der Wert die USD 1 Mio. Grenze überschreitet. Um auf eine jährliche Überprüfung verzichten zu können, ist es für manche Institute vielleicht überlegenswert, alle betroffenen Kunden oberhalb der USD 50.000

bzw. Entities oberhalb der USD 250.000 Grenze in die er-
weiterte Überprüfung einzubeziehen, insbesondere, wenn
durch die elektronische Überprüfung bereits ausreichend
auf die Indizien abgefragt werden kann und somit Papierun-
terlagen gar nicht erst überprüft werden müssen.

Was in jedem Fall erfolgen muss, ist eine Bestätigung des
Kundenbetreuers (Relationship Manager), dass diesem keine
zusätzlichen Informationen vorliegen und Erkenntnisse hat
(‚Reason to Know‘), die über die Prüfung hinausgehend auf
eine U.S. Person hinweisen würde.

Liegt von generell zu überprüfenden Kunden 2 Jahre
nach Wirksamkeit des FFI Agreements, somit frühestens
nach dem 30. Juni 2015, keine ausreichende Dokumentation
vor, sind solche Kunden als 'Recalcitrant` einzustufen. Dies
gilt nicht für die High Value Kunden. Hier wird ein doku-
mentierter Kunde bereits nach einem Jahr, somit frühestens
nach dem 30. Juni 2014 zum ‚Recalcitrant‘. Letzteres gilt
auch auf für Beziehungen zu 'quasi FFI' (Prima Facie FFI),
z.B. QI (noch) ohne PFFI Status.

Unterlagen sind dem IRS auf Anfrage innerhalb 30 Tagen
vorzulegen und grundsätzlich 6 Jahre aufzubewahren.

*Die Durchführung der Überprüfung muss dem IRS wei-
terhin durch einen Verantwortlichen des FFI angezeigt werden. Diese Person soll nun aber nicht mehr vollumfänglich
haftbar sein, sollte sich im Nachgang herausstellen, dass
durch die Überprüfung nicht alle U.S. Personen ausnahms-
los identifiziert wurden.*

FFI Status

*Die Kriterien, unter denen ein Foreign Financial Institu-
tion (FFI) einen vom IRS anerkannten FFI Status (Deemed
Compliant FFI - DCFFI) bekommen kann, ohne einen Vertrag mit dem IRS zu schließen, wurde in Teilen neu definiert.
Derzeit sind drei Varianten eines DCFFI Status vorgesehen:*

*- Registered Deemed Compliant: Dies soll überwie-
gend für 'lokale' Institute innerhalb eines Landes gelten,
wobei das IRS die EU in diesem Zusammenhang nun als eine 'Land' ansieht, somit Kunden mit Wohnsitz   innerhalb der EU so betrachtet, als wären sie alle im selben Land
ansässig. Die Quote dieser   Kunden soll mindestens 98%*

145

betragen. Zusätzlich müssen weitere Voraussetzungen erfüllt sein/werden.

- Certified Deemed Compliant: Dies soll überwiegend für kleinere Institute und bestimmte Vorsorgepläne gelten. Die Aktiva solcher Institute soll USD 175 Mio. nicht übersteigen bzw. USD 500 Mio. bei verbundenen Instituten. Zusätzlich müssen weitere Voraussetzungen erfüllt sein/werden.

- Owner Documented FFI: Dies soll für Institute gelten, bei denen der Steuerabzug von einer vorherigen Stelle (Withholding Agent) übernommen wird, wobei diese einen teilnehmenden Status (PFFI) haben sollen oder ein U.S. Institut (USFI) sein muss. Zusätzlich müssen weitere Voraussetzungen erfüllt sein/werden.

Die Proposed Regulations berücksichtigen nun, dass nicht alle Institute innerhalb einer FFI Gruppe (Affiliated Group) in der Lage sein werden, gleichzeitig einen PFFI Status einzunehmen, weil z.B. lokale Gesetze einen Einzelvertrag zwischen FFI und dem IRS nicht zulassen oder bestimmte Datenschutzgesetze eine Meldung an eine ausländische Steuerbehörde untersagen. Für eine Übergangszeit bis zum 31. Dezember 2015 können FFI innerhalb einer

Affiliated Group nun unter bestimmten Voraussetzungen ei-
nen PFFI Status einnehmen, auch wenn die anderen FFI in
der Gruppe noch keinen PFFI oder DCFFI Status haben.
Die anderen FFI in der Gruppe erhalten bis dahin einen
'Limited FFI' (LFFI) Status.

*   -   Limited FFI: Voraussetzungen für einen LFFI sind u.*
a. eine Registrierung beim IRS, die Verpflichtung zur
*   Einhaltung bestimmter FATCA Vorschriften auch*
ohne FFI Agreement, insbesondere keine Kundenbeziehun-
gen zu U.S. Personen und NPFFI zu führen. In Bezug auf
den Steuerabzug wird ein LFFI wie ein NPFFI behandelt.
QI ohne PFFI Status einer Affiliated Group können eben-
falls einen LFFI Status erlangen. Ein Limited FFI Status soll
nur übergangsweise bis zum 31. Dezember 2015 möglich
sein.

Reporting

Die Anforderungen an das Reporting wie in den voran-
gegangenen Notizen beschrieben, haben sich nicht grund-
sätzlich geändert. Neuerungen gibt es primär auf der zeitli-
chen Achse.

Das eingeschränkte Reporting für das Jahr 2013 gilt nun auch für 2014. Die Meldung von Erträgen (U.S. sourced FDAP Payments) ist nun erst ab dem Jahr 2015 vorgesehen und Erlöse (Gross Proceeds) nun erst ab 2016.

Noch nicht geklärt ist, welche Änderungen sich für QI in Bezug auf das Reporting im Detail ergeben werden. Die Proposed Regulations führen aber bereits aus, dass das IRS beabsichtigt, die Reporting Verpflichtungen von QI und PFFI zusammen zu führen. Schon absehbar sind Anpassungen an das 1042-S Reporting. Auch eine Änderung/ Erweiterung des 1099 Reporting ist wahrscheinlich.

Das Reporting zu Recalcitrants hat sich inhaltlich nicht verändert. Allerdings muss das meldende Institut noch zusätzlich mit ausweisen, ob es sich bei den gemeldeten Recalcitrants um solche mit U.S. Indizien, solchen ohne U.S. Indizien oder 'ruhende`(dormant) Konten handelt.

PFFI müssen zudem pro NPFFI bis mindestens 2015 zusätzlich die Summe 'bestimmter' Zahlungen (Foreign Reportable Payments), die an einen NPFFI gezahlt wurden, melden. Treasury und IRS ist noch nicht klar, welche 'bestimmte Zahlungen' dies sein sollten und bittet um

Kommentierung/ Eingaben dazu. Vorstellbar wären Zahlungen aus U.S. Quellen, die bereits heute mit Form 1042-S an QI gemeldet werden. Dies könnte auf NPFFI ausgeweitet werden.

Geklärt wurde auch der Umgang mit Kunden, die bei einem Institut mehrere Konten mit unterschiedlichen Kontonummern führen. Diese sind zu einer gemeinsamen Nummer zusammenzuführen, soweit sie eindeutig identifizierbar zusammengehören (z.B. TIN). Ist keine ‚führende' Kontonummer vorhanden, kann der PFFI eine eindeutige Nummer kreieren.

Das IRS prüft zudem, ob ein Übereinstimmungs- bzw. Überprüfungsverfahren der TIN eingeführt werden soll, was für USFI bereits heute gilt.

Passthru Payments

Der kritischste Aspekt der Passthru Payments war von Beginn an, wie FFI denn in der Lage sein sollten, Passthru Payments überhaupt als solche zu erkennen. Dies ist bei

Zahlungen außerhalb derer durch das Institut geführten Konten und Depots, z.B. Zinsen und Dividenden, nahezu unmöglich. Das hat das IRS nun auch erkannt und klar dargestellt, dass wenn z.B. eine Dividende, die bei einem FFI entsteht und vom Kunden auf einen anderen FFI überwiesen wird, von diesem nicht mehr als Dividende zu erkennen ist und somit auch vom Begriff eines Passthru Payments ausgenommen ist.

Die Proposed Regulations stellen nun auch klarer dar, welche Zahlungen zudem vom Begriff der Passthru Payments ausgenommen sind. Dazu gehören insbesondere allgemeine Zahlungen, die ein Institut tätigt, z.B. Gehälter, Lizenzgebühren, Spitzenausgleiche oder Lotteriegewinne. Zudem sind bestimmte Zinszahlungen und Erlöse aus bestimmten Zinspapiere ausgenommen, die auch in den USA keiner Besteuerung unterliegen, z.B. Anleihen der Bundesstaaten (State Bonds) und andere `Local Bonds´.

Auf Grund der nach wie vor unzähligen ungeklärten Fragen, wie das Passthru Konzept, insbesondere ´Foreign Passthru Payments´ und PPP (Passthru Payments Percentage) in der Praxis umgesetzt werden sollen, haben

Treasury und IRS diesen Teil der Passthru Payments nun weiter verschoben und soll frühestens ab 2017 angewendet werden. Es ist davon auszugehen, dass es bis dahin noch weitere Änderungen zu dem was in den bisherigen Notizen beschrieben ist geben wird bzw. was überhaupt unter diesen Begriff fallen soll.

Es bleibt zunehmend fraglich, ob dieses Konzept überhaupt je in der ursprünglichen Form zum Tragen kommt, sollte sich die Kernziele von FATCA, Identifizierung und Meldung von U.S. Personen, auch anders erreichen lassen und das Passthru Payments Konzept für Treasury und IRS zunehmend an Bedeutung verlieren könnte. Für ein abschließendes Urteil dazu ist es aber noch zu verfrüht.

Bislang war zudem völlig ungeklärt, ob es in Bezug auf die FATCA Steuer eine Möglichkeit der Rückerstattung geben soll, sofern vom betroffenen Kunden eine entsprechende Dokumentation vorliegt, auch wenn diese erst nach Gutschrift einer FATCA relevante Zahlung vorliegt.

Die Proposed Regulations sehen nur vor, dass eine Erstattung (Refund) möglich ist. Dem teilnehmenden Institut (FFI) soll es demnach erlaubt sein, eine nachträgliche Er-

stattung einer bereits an das IRS abgeführten Steuer mit künftigen Steuerzahlungen zu verrechnen, auch über den Jahreswechsel hinaus.

Erfolgt die 'Nachdokumentation' des Kunden innerhalb 15 Tage nach einer relevanten Zahlung, ist z.B. ein W-8BEN als Nachweis ausreichend, um einen Nicht-U.S. Status zu dokumentieren. Bei Zahlungen, die mehr als 15 Tage aber weniger als ein Jahr zurückliegen, ist eine zusätzliche Erklärung des Kunden (Affidavit) erforderlich. Bei Zahlungen, die über 1 Jahr zurückliegen, sind zusätzliche Nachweise (Documentary Evidence), z.B. Nachweis der Nationalität, erforderlich.

Ein Abzug der FATCA Steuer von 30% auf Zahlungen an nicht teilnehmende Institute (NPFFI) soll dagegen nicht erstattet werden können. Lediglich eine Anwendung eines reduzierten Steuersatzes bei vorhandenem Doppelbesteuerungsabkommen (DBA) mit den USA soll möglich sein, sofern der FFI der wirtschaftlich Berechtigte ist.

FFI Agreement

Das IRS will den Entwurf für den Vertrag mit dem IRS (FFI Agreement) 'kurzfristig' veröffentlichen. Die finale Version des FFI Agreements wurde nun allerdings bereits auf den Herbst 2012 verschoben, nach dem dieses ursprünglich für den Sommer vorgesehen war.

Audit

In den Proposed Regulations ist derzeit keine generelle externe Prüfung (Audit) zur FATCA compliance vorgesehen, außer in besonderen, noch zu definierenden Fällen. Vielmehr soll auf Selbst-Zertifizierungen zurückgegriffen werden. Dies trägt der Tatsache Rechnung, dass das IRS wohl schwer in der Lage wäre, mehrere hunderttausend Außenprüfungen durchzuführen bzw. durchführen zu lassen. Es ist noch unklar, wie sich das langfristig auf das externe QI Audit auswirken wird, sollte dieser Ansatz in der Zusammenführung von Chapter 3 und 4 bzw. in den Final Regulations weiter verfolgt werden.

Qualified Intermediary (QI)

Es ist grundsätzlich vorgesehen, dass QI einen PFFI oder DCFFI Status einnehmen müssen. Für eine Übergangszeit bis zum 31. Dezember 2015 soll es aber möglich sein, den QI Status weiterzuführen, auch wenn (noch) kein PFFI oder DCFFI Status vorliegt.

Das derzeit verwendete W-8BEN soll um die FFI EIN erweitert werden. Zudem sollen einige Angaben im W-8BEN bis 31. Dezember geändert werden. Bestehende Formulare sollen aber noch bis 31. Dezember 2017 Gültigkeit haben.

Fazit aus dem Joint Statement und den Proposed Regulations war somit:

1. FATCA ist mit den Proposed Regulations auf keinen Fall 'vom Tisch, wie das bereits kurz nach der Veröffentlichung zu lesen war. Die Überprüfung von bestehenden Kundenbeziehungen und die Umstellung des Neukundenprozesses sind auch für die Institute, die von den zwischenstaatlichen Verträgen betroffen sein werden, genauso erforderlich wie bestimmte Reporting Verpflichtungen.

2. Dass mit den Proposed Regulations „eine signifikante Reduzierung" der Umsetzungskosten nicht gelungen sein soll und „lediglich eine Entlastung für deutsche Institute" durch den Wegfall einer Direktbeziehung zwischen Institut und dem IRS erfolgte[33], ist so auch nicht haltbar. Sofern wie vorgesehen mit den zwischenstaatlichen Verträgen der Steuerabzug auf Passthru Payments wegfällt, ist damit eine wesentliche und kostenintensive Komponente für deutsche Institute weggefallen. Auch die Anhebung bestimmter Grenzen und der Wegfall der Private Banking Definition führt in der Umsetzung zu Erleichterungen.

3. Institute haben die Gelegenheit sich weiterhin rege am Austausch mit dem IRS zu beteiligen bzw. die Eingabefrist bis zum 30. April 2012 für Kommentierungen zu nutzen und die Klärung von Detailfragen weiter zu forcieren.

---

[33] Quelle: Artikel ´Finanzindustrie wehrt sich gegen US-Steuerpläne´ in Financial Times Deutschland vom 20.02. 2012

4. Die Institute haben zwischenzeitlich auch Gelegen-heit, sich auf die 'unvermeidbaren' Kernelemente der FATCA Einführung vorzubereiten, insbesondere:

- *Überprüfung des Kundenstammes und der Unter-nehmenseinheiten*
- *Einholung von fehlenden Dokumentationsunterlagen von U.S. Personen, die bisher nicht von QI erfasst wurden, z.B. reine Kontobeziehungen*
- *Entscheidung, ob U.S. Personen aus bestehenden und neuen Kundenbeziehungen, weiterhin Dienstleistungen angeboten werden sollen*

21. IGA

oder

Das Freihandelsabkommen für den Austausch von Steuerdaten

W ie im vorangegangenen Kapitel ausgeführt, wurde am 08. Februar 2012 neben den Proposed Regulations auch die Absichtserklärung (Joint Statement) der 5 genannten Staaten veröffentlicht.

Es hat sich im Frühjahr 2012 gezeigt, dass es zwar zunehmend Länder gab, die an einem zwischenstaatlichen Vertrag mit den USA zu FATCA interessiert waren, aber, aus unterschiedlichen Gründen wiederum aber nicht daran interessiert waren, die Zuständigkeit des Vertragsregelungen überwiegend in die Hände von Regierungsstellen zu legen.

Für die Einen, wie im Falle von Japan, ist es vielleicht die Erkenntnis, dass sich das Land bislang nicht sonderlich als Rückzugsgebiet für Steuerflüchtlinge hervorgetan hat, auch wenn sich im Land unzählige U.S. Personen befinden mögen, in dem Falle U.S. Truppen bzw. GI (Government Issue) auf Okinawa.

Für die Anderen, wie im Falle der Schweiz, ist es vielleicht die Erkenntnis, dass ein zwischenstaatlicher Vertrag mit den USA in die Sphäre von Meistbegünstigungsklauseln, gerade in der EU eingreifen könnte und man dazu verpflichtet sein könnte, das was man in die USA liefert, auch an andere Länder liefern zu müssen. Wie wir noch sehen werden, hat sich zumindest Letzteres recht schnell überholt.

Am 21. Juni 2012 folgten somit ähnlich formulierte Absichtserklärungen aus Japan und der Schweiz. Die Erklärungen der somit glorreichen Sieben Staaten gegenüber den USA war der Grundstein für die Intergovernmental Agreements (IGA) mit den Modellen I, mit und ohne Reziprozität, und Model II[34].

Weiterhin konnte man nur verwundert zur Kenntnis nehmen, mit welcher Energie die Regierungen der sieben Länder vorangeschrit-

---

[34] Quelle: Die aktualisierten IGA Model Agreements finden sich auf der Webseite des U.S. Treasury unter: http://www.treasury.gov/resource-center/tax-policy/treaties/Pages/FATCA.aspx

ten sind, gerade im Vergleich zur Umsetzungsgeschwindigkeit sonstiger bilateralen Abkommen.

Offensichtlich muss nur der Leidensdruck, von den USA mit den faktischen Ausschluss vom amerikanischen Finanzmarkt durch die 30% FATCA Steuer abgekoppelt zu werden, wie im Falle der Schweiz, oder der Erwartungshaltung, mit den USA auf Augenhöhe zu verhandeln und eine zusätzliche Einnahmequelle in Aussicht gestellt werden, groß genug sein, um ansonsten ungeahnte Kräfte freizusetzen.

Kräfte, die so groß zu sein schienen, dass sich am 25. Juli 2012 einige U.S. Senatoren (Rand Paul, Jim DeMint, Mike Lee und Saxby Chambliss)[35] ermuntert sahen, immerhin befand man sich in einem Wahljahr, einen Brief an den damaligen Finanzminister, Secretary Timothy Geithner, zu senden, um ihm danach zu fragen, mit welche Autorität eigentlich die Verhandlungen führen würde und warum der Kongress nicht informiert worden sei.

Wer schon einmal einen Brief an das U.S. Treasury oder IRS geschrieben hat, egal zu welchem Sachverhalt, weiß, dass dort grundsätzlich nicht auf Anschreiben direkt geantwortet hat, wo käme man

---

[35] Quelle: Den Brief der Senatoren an den damaligen U.S. Finanzminister Timothy Geithner findet sich hier: http://www.repealfatca.com/downloads/letter.pdf

da auch hin, jedes x-beliebige Schreiben des gemeinen Volkes auch noch durch eine Rückmeldung einen Status einer Würdigung zu verleihen.

Am 25. Juli 2012 folgte dann die Veröffentlichung der zwischenstaatlichen Modellverträge, fortan Intergovernmental Agreement oder kurz IGA genannt. Verfasst wurden die IGA von den USA in Zusammenarbeit mit Regierungsstellen der sieben Länder, die zuvor die Joint Statements erlassen haben.

Die Länder haben auch gleich mit angekündigt, dass die 'Organisation für wirtschaftliche Zusammenarbeit und Entwicklung' bzw. 'Organisation for Economic Co-operation and Development Sicherheit', kurz OECD, im weiteren Verlauf mit der weiteren Ausgestaltung der IGA, insbesondere dem Meldeformat, beauftragt werden soll.

21.1   Modell I

Das Model I IGA kam mit einer Version mit und einer ohne Reziprozität auf den Markt. Auf die Reziprozität gehen wir wie schon angekündigt gleich noch gesondert ein.

Das Model I IGA enthält im Wesentlichen:

- Eine zeitliche Streckung der Reporting Anforderungen, auch wenn da später nochmal Luft geholt wird:
    o Neukundenprozess ab 01. Januar 2014
    o Steuerabzug bei NPFFI ab 01. Januar 2014
    o Sichtung der Bestandskunden oberhalb USD 1 Mio. bis zum 31. Dezember 2014, darunter bis zum 31. Dezember 2015
    o Erste Meldung von Kundendaten und Kontostamm erstmalig zum 30. September 2015 für die Jahre 2013 + 2014, Erträge dann ab dem Folgejahr und Bruttoerlöse für 2016 im Jahr darauf.

- Den Kontoeröffnungsprozess unter Berücksichtigung bestehender Kundenidentifizierungsregeln (Know-Your-Customer - KYC) und Geldwäscherichtlinien (Anti-Money-Laundering -AML)

- Die Klassifizierung von NFFE basierend auf vorhandenen Kundeninformationen, öffentlich zugänglichen Daten und einer Selbstzertifizierung der Kunden

- Der ´Limited FFI´ Status soll nach Ablauf der Karenzzeit Ende 2015 zum NPFFI Status werden, das ursprüngliche Ansinnen, dass ein Limited FFI in einer Unternehmensgruppe, man denke an eine kleine, unbedeutende Auslandsfiliale, die solche Gruppe als Ganzes ´infizieren´ könnte und damit als nicht FATCA konform eingestuft worden wäre, war vom Tisch. In einer Gruppe darf es dann sein, dass es womöglich einen NPFFI zur Gruppe zählt, ohne eigenes Verschulden dieses NPFFI, der sich halt zufällig in einem Land befindet, dass eben keinen Vertrag mit dem IRS eingehen will, oder das Institut in besagtem Land durch die dortige Regierung am Mitmachen gehindert wird.

-   Die Länderregierungsstellen können im Anhang II (Annex II) zum IGA definieren, welche Arten von Einheiten und Produkte von FATCA ausgenommen werden sollen.

Vor allem Letzteres sollte dazu dienen, die USA von der Bürde zu befreien, global definieren zu müssen, welche Produkte denn selbst bei Unterstellung größtmöglicher kreativer Energie ungeeignet sind, Steuerzahlungen in den USA zu umgehen. Dass dies bei manchen IGA Verhandlungen zu harten Diskussionen geführt hat, kann man sich gut vorstellen. Aber weiter im Text:

-   Es soll keinen Steuerabzug auf FDAP Zahlungen aus U.S. Quellen an Recalcitrants geben, sondern eben nur bei Zahlungen an NPFFI. Die FATCA Steuer auf Bruttoerlöse wurde ähnlich wie PPP vorerst auf 2017 verschoben, vermutlich in der Hoffnung, dass bis 2017 in Vergessenheit geraten ist, dass PPP jemals das Licht der Welt gesehen hat. Man darf zwar merkwürdige und kaum umsetzbare Ideen haben, muss dann aber einen Weg finden, wie diese aus der öffentlichen Diskussion verschwinden, ohne dem Ideengeber dadurch zu kompromittieren.

21.2   Modell II

Das Model II IGA ist im Kern ein Blockadebrecher. Die Grundidee war dabei nicht, einen speziellen Vertrag zwischen zwei Ländern auf den Weg zu bringen, sondern vielmehr den Weg freizumachen für FFI in dem jeweiligen Land, sich an FATCA beteiligen zu können.

Das war insbesondere bei Ländern wie der Schweiz, später auch Österreich, das in nationalen Gesetzen verankerte Bankgeheimnis, was es Instituten nahezu unmöglich macht, Kundendaten herauszugeben, zumal an eine ausländische Behörde.

Das IGA Model II dient also mehr dazu, rechtliche Hürden aus dem Weg zu räumen, somit einen gesetzlichen Rahmen zu schaffen, in dem es FFI möglich ist, ein Reporting abzugeben ohne gegen nationales Recht zu verstoßen. Ansonsten sind die Verpflichtungen ähnlich dem, was sich aus den Regulations ergibt, zu dessen Schlussakkord (Final Regulations) wir dann auch bald kommen.

Das Model II IGA enthält im Wesentlichen:

- Ein Annex II, wie bei IGA I, das bestimmte Produkte und Einheiten von der FATCA Betrachtung ausnimmt

- Kein Steuerabzug bei U.S. Personen, die einer Offenlegung nicht zustimmen. (Non-Consenting U.S. Person

- Der Begriff Recalcitrants kommt erst an späterer Stelle vor, u.a. für den Fall, dass sich ein FFI in einem IGA II Land aus Sicht der USA zu viele Kunden leistet, die ihre Offenlegung gerne unterbunden haben wollen. Für diesen Fall gibt es dann eine Gruppenanfrage des IRS in Bezug auf ein bestimmtes Institut und dann sollen die betroffenen Kundendaten eben mit Nachdruck offengelegt werden. Nach Prüfung der Kundeninformationen durch das IRS müssen die betroffenen Non-Consenting U.S. Persons als Recalcitrants geführt werden und würden damit der 30% FATCA Steuer unterliegen.

22. Ein Blick in die USA

Die IGA haben zumindest bei den Finanzinstituten für etwas Ruhe gesorgt. Nicht nur, dass der Druck des Ungewissen nachgelassen hat, welche Folgen ein FFI Agreement ohne staatlichen Rückhalt hätte, man denke an den Datenschutz oder was davon übrig geblieben ist, und sich im Zweifel dem Wohlgefallen des IRS ausgeliefert zu finden.

Aber die IGA haben gerade in den USA nicht nur Freunde gefunden.

22.1   Reziprozität – gleich aber doch ein wenig anders

Reziprozität klingt ja erstmal gut, irgendwie nach Zusammenarbeit auf Augenhöhe. Aber weit gefehlt.

Es waren dann auch schnell manche U.S. Staaten, die sich vehement gegen die IGA mit Reziprozität gewehrt haben. Banken in Florida, aber auch Texas und Kalifornien, also in Staaten mit großem Anteil an Migranten aus Latein- und Südamerika oder einer Grenze mit Mexico, führen oftmals Kundenkonten mit Wohnsitz in diesen Ländern. In Florida ist es bei Banken nicht unüblich, dass gut 1/3 der Kontoinhaber in Latein- oder Südamerika wohnhaft sind. Die Gründe dafür sind so vielfältig wie manchmal auch verständlich.

- In manchen Ländern ist das Bankenwesen noch sehr unterentwickelt, um es mal milde auszudrücken

- In manchen Ländern ist die Korruption und die Kriminalität derart groß, dass schon der Hinweis auf ein Konto in den USA dazu führen kann, dass Familienmitglieder des

Kontoinhabers entführt werden, um ein Stück von dem Kuchen zu erpressen

- In manchen Ländern wird ein Großteil des Volkseinkommens durch mehr oder weniger illegale Aktivitäten erwirtschaftet, wie Drogen- und Menschenhandel, Waffenschmuggel oder simpler Ausplünderung der Staatskasse durch die Volksvertreter, um nur mal die bekanntesten Erwerbsfelder zu nennen.

Florida und Texas haben dann auch nicht lange gewartet, um eine Klage einzureichen[36].

Die Gerichtsverfahren wurden im Zeitverlauf jedoch alle abgeschmettert und es ist aus der Ecke seitdem auch merklich still geworden.

Auch in der umgekehrten Betrachtung erweist sich die Reziprozität als ziemlich lahme Ente. Es mag zwar von den Verhandlungsführern auf der U.S. Seite des IGA Model I gut gemeint sein, oder eben auch nicht, dem jeweiligen Partnerland auch Daten in Aussicht

---

[36] Quelle: Die Klageschriften der Bankenverbände aus Florida und Texas findet sich hier.
http://www.repealfatca.com/downloads/FIBA_and_TX_complaint_.304.pdf

zu stellen, Grundvoraussetzung dazu ist es aber, solche dass solche Daten erst einmal erhoben werden müssen, um sie dann auch melden zu können.

Was das angeht, steht man bei den USA sehr schnell am Rand der begrenzten Möglichkeiten. Finanzinstitute in den USA erheben, wenn überhaupt, nur rudimentäre Daten zu Kunden aus dem Ausland. Erst recht dann, wenn ausländische Kunden Kapitalerträge erzielen, die selbst in den USA steuerbefreit sind.

Wird das Konto auch noch in einem Firmenmantel gepackt, wir erinnern uns an Delaware, kann man in den USA eine ungeahnte Anonymität erreichen und braucht auch keine Angst davor zu haben, dass Daten plötzlich an den heimischen Fiskus gemeldet werden.

22.2 Niemand hat die Absicht eine Mauer zu errichten

Auch auf allgemeiner politischer Ebene lassen sich die IGA als Hebel nutzen. Es gibt im U.S. Senat eine alte Sitte, Unsitte wäre jetzt vielleicht angemessen zu sagen, der Sache aber nicht weiter dienlich, dass ein einzelner Senator einen Gesetzesbeschluss nicht im Alleingang verhindern kann, es ist aber wohl möglich bestimmte Abstimmungen im Senat gar nicht erst stattfinden zu lassen nämlich dadurch, einen Tagungsordnungspunkt einfach nicht zur Abstimmung zuzulassen. So z.B. Senator Randal 'Rand' Howard Paul, Sohn des ehemaligen 'liberalen' republikanischen Präsidentschaftskandidaten Ronald 'Ron' Ernest Paul.

Liberal hat dabei bekanntlich in den USA einen andere Bedeutung als in Europa, liegt in den USA irgendwo zwischen kapitalistischer Anarchie, so die Sicht der Demokraten, und postkommunistischem Sozialismus, so die Sicht der Republikaner.

Dieser Senator schafft es so z.B. seinigen Jahren Abstimmung zu Ergänzungen zu Doppelbesteuerungsabkommen (DBA) mit Luxemburg oder der Schweiz zu blockieren, nicht weil das sinnvoll ist oder er verständliche Einsprüche hätte, nein, es geht nur darum zu blockieren, oder wie es im amerikanischen heißt ´, because I can´[37].

---

[37] Quelle: Das Magazin ´Politico´ hat sich der Blockadehaltung von Senator Rand in Bezug auf schwebende Steuerabkommen angenommen: http://www.politico.com/story/2014/03/rand-paul-tax-swiss-banks-104148.html

23. Final Regulations

oder

Was lange währt...

Die finalen Regelungen wurden am 17. Januar 2013 veröffentlicht und wurden am 28. Januar 2013 effektiv. Mit den Worten ´Final´ und ´effektiv´ könnte der Eindruck entstehen, dass es damit gewesen wäre. Aber weit gefehlt. Im Nachgang, vor allem durch die weiteren Ausgestaltungen der IGA gab es immer wieder neue angepasste und überarbeitete Regulations.

Selbst der eifrigste Leser hat irgendwann einmal den Punkt erreicht, wo ein weiteres Studium der Unterlagen, bei denen teilweise nur Halbsätze umgeschrieben wurden, erneut zu lesen, zumal dies dann oft nur Kleinstaspekte und Ausnahmen betroffen hat. Somit wollen wir zumindest für dieses Buch das Thema Regulations als final ansehen.

Das erste was einem bei den Final Regulations[38] auffällt, und das ist wirklich nicht zu übersehen, sind die 544 Seiten, also schon mal mehr als 150 Seiten mehr als bei den Proposed Regulations. Ziel der Final Regulations war es, neben dem Versuch, die Regulierungsphase abzuschließen, die zwischenzeitlichen Entwicklungen aus den IGA in die Regulations einfließen zu lassen.

Nun zur Zusammenfassung der wichtigsten Unterschiede zwischen Proposed und Final Regulations (FR). Dabei ist wieder zu beachten, dass nicht alles aus den FR auch 1:1 Relevanz für FFI in IGA I Ländern hat, selbst für IGA II Länder gelten manchmal andere Vorgaben.

FATCA Status und Kundenklassifizierung

-    Die durch die IGA geschaffene Begrifflichkeit einer Investment Entity wurde übernommen, somit sind z.B. Fonds, Management Companies oder bestimmte Vermögensverwalter als Investment Entity einzustufen

---

[38] Quelle: http://www.irs.gov/PUP/businesses/corporations/TD9610.pdf

- Holdinggesellschaften, die im Zusammenhang mit einer Gruppe (Affiliated Group) bestehen oder gegründet wurden, sind nur dann als FFI einzustufen, wenn die anderen Einheiten in der Gruppe bestimmte FFI (z.B. ein Einlagen- oder Verwahrinstitut) sind oder die Holding zu einem Fondsvehikel (z.B. ein Investmentfonds) gehört, somit können andere Holdinggesellschaften, die zu einer Nicht-Finanzgruppe gehören, als ´Excepted NFFE´ klassifiziert werden

- Wenn eine Entity als FFI oder NFFE zu klassifizieren ist, gelten die Definitionen aus einem IGA vor den Bestimmungen der FR

- Ein Fonds in Form eines Qualified Collective Investment Vehicle, zu dem Inhaberpapiere, somit auch effektive Stücke begeben wurden, kann auch dann einen deemed-compliant Status erhalten, wenn sich Inhaberpapiere noch im Umlauf befinden sollten, vorausgesetzt es werden ab 1. Januar 2013 keine neuen Inhaberpapiere mehr emittiert, was in vielen Ländern sonst zu Problemen geführt hätte, da gerade effektive Stücke noch häufig im Umlauf sind, auch wenn längst keine mehr ausgegeben werden und von der Zahlstelle nur noch im Zusammenhang mit einer Konto- bzw. Depoteröffnung eingelöst werden können

- Für einen Status als 'Restricted Fund' ist nun auch erforderlich, dass sich die Vertriebsrestriktion auf alle U.S. Personen bezieht und nicht nur spezifizierte U.S. Personen

Stichtage und Termine

- Der neue Stichtag für Bestandskonten ist nun der 01. Januar 2014

- Das FFI Agreement gilt ab 31. Dezember 2013

- Werden bei einem Konto dokumentationspflichtige Änderungen (Change of Circumstances), z.B. Verlagerung des Wohnsitzes in ein anderes Land, so ist vom Kunden innerhalb von 90 Tagen nach Feststellung der Änderung die entsprechende Unterlage einzuholen und, bei Nichtvorlage, als 'Recalcitrant' einzustufen

- Das Reporting für 2013 und 2014 erfolgt nun gemeinsam bis 31. März 2015

- Eingereichte bzw. bereits vorhandene Kundenunterlagen, abgesehen von W-8 Formularen mit fester Ablaufzeit, sind nun unbegrenzt gültig, zumindest so lange, wie sich bei dem betroffenen Kunden oder Konto keine bekannten Änderungen ergeben haben, was eine merkliche Verbesserung zu einer grundsätzlichen Erneuerung von Kundenunterlagen alle drei Jahre darstellt

- Für die Grandfather Regelung gilt nun der 01. Januar 2014 als Stichtag

Definition von Zahlungen, Konten und Dokumentation

- Geld, das nur der Hinterlegung von Sicherheiten dienen, stellt noch keine Einlage dar

- Zur Definition von Verwahrkonten wurden etliche Ausnahmen geschaffen, wodurch z.B. bestimmte Sicherheiten für Handelsgeschäfte nicht mehr einbezogen werden müssen, was die Masse der in Frage kommenden Konten insbesondere außerhalb von Finanzinstituten merklich reduziert

- Neue Konten von bestehenden Kunden müssen nicht erneut dokumentiert werden, sofern sichergestellt ist, auch unter dem Aspekt der Vermutungsregel, dass sich aus der neuen Kontoeröffnung keine Änderung am Status des Kunden ergibt, was der Regelfall sein sollte

- Ein Fehler auf einer Kundendokumentation, z.B. ein falsches 'Kreuzchen' auf Formular W-8BEN-E wird dadurch alleine noch nicht ungültig, also ein riesen Fortschritt zu QI, sofern der FFI die Möglichkeit hat, auf Basis vorhandener Kundenunterlagen den Fehler zu widerlegen

- Kundenunterlagen können elektronisch übermittelt werden, z.B. als PDF oder FAX, auch das ein großer Sprung nach vorne im Vergleich zu früher

FATCA Steuerabzug - Withholding

- Wenn unklar ist, ob eine Zahlung einer FATCA Besteuerung unterliegt oder nicht, ist im Zweifel gegen den Angeklagten zu votieren, also die 30% FATCA Steuer abzuziehen, wobei noch die Wahl besteht, die abgezogene

Steuer gleich an das IRS zu überweisen oder sie bis zu einem Jahr auf einem gesonderten Konto zu hinterlegen für den Fall, dass sich die Zahlung zu einem späteren Zeitpunkt doch noch als Nicht-FATCA relevant erweisen sollte

- Die berüchtigten Foreign Passthru Payments, Sie mögen sich an den PPP erinnern, ist ´vorerst´ auf den 01. Januar 2017 verschoben, um dem IRS ausreichend Zeit zu geben, darüber nachzudenken, wie das Konzept überhaupt einigermaßen praktikabel und damit umsetzbar zu machen, vielleicht wird auch etwas über die Sinnhaftigkeit vor dem Hintergrund der IGA nachgedacht und das Thema verdientermaßen in die Geschichtsbücher der Rubrik Pleiten, Pech und Pannen verbannt

- Ähnliches gilt für den Steuerabzug auf Bruttoerlöse aus U.S. Quellen, wo nun auch eine Schonfrist bis zum 01. Januar 2017 gilt in der Hoffnung, dass es bis dahin kaum noch weiße Flecken auf der IGA Landkarte gibt

Reporting

- Für das Reporting im Sinne der FR wie auch für IGA II wurde Form 8966 angekündigt, allerdings noch ohne ein Beispiel mitzuliefern, wie das Formular aussehen wird und wie eine technische Meldung erfolgen soll

Registrierung

- Das IRS will ab 15. Oktober mit der Vergabe der Global Intermediary Identification Number (GIIN) beginnen, wobei die GIIN, bitte nicht verwechseln mit einem gleichklingenden geistreichen Getränk, nur ein neuer Begriff für die ursprünglich angedacht FFI-EIN darstellt

- Ab 02. Dezember 2013 will das IRS die erste Liste der bis 25. Oktober registrierten FFI veröffentlichen

IRS Notices zum Dritten

24. Notice 2013-43

oder

Gut Ding will (noch) mehr Weile haben

A m 12. Juli 2013 gab es schon wieder Post vom IRS. Wer bis dahin die 544 Seiten der Final Regulations schon gelesen und verstanden hatte wurde statistisch nicht erhoben.

Zumindest wurde die Notiz überwiegend positiv aufgenommen, wurde doch im Kern die FATCA Einführung um weitere 6 Monate verschoben. Ein Starttermin zum 01. Januar 2014 erschien selbst dem größten Optimisten nicht mehr machbar, waren doch die meisten Staaten noch inmitten der IGA Verhandlungen mit den USA.

Zudem lagen zu dem Zeitpunkt noch viele Formulare nur in der Entwurf Version vor und auch technische Details zum Meldewesen waren noch anhängig, was eine Einführung zum 1. Januar 2014 immer unwahrscheinlicher erscheinen ließ. Im Großen und Ganzen wurde die Einführung um sechs Monate geschoben. Die Eckpunkte der Notice 2013-43[39] waren:

- Neukontenprozess nun ab 01. Juli 2014

- Grandfather Regelung für bestimmte Wertpapiere, die bis zum 30. Juni 2014 emittiert wurden

- Die Sichtung und Klassifizierung von Bestandskunden wurde ebenfalls um sechs Monate verschoben, womit dieser Prozess nun erst zum 30. Juni 2016 abgeschlossen sein muss

---

[39] Quelle: http://www.irs.gov/pub/irs-drop/n-13-43.pdf

- Das FATCA Portal des IRS, ursprünglich für den 15 Juli 'versprochen', sollte nun zum 19. August 2013 bereitgestellt werden.

- Die Anmeldefrist für registrierungspflichtige Institute auf dem Portal wurde nun für den 25. April 2014 gelegt, um auf der ersten IRS Liste mit aufgeführt zu werden.

- Die Gültigkeit des bestehenden QI Agreements wurde ebenfalls verlängert bis zum 30. Juni 2014.

25. Notice 2013-69

oder

Darum prüfe wer sich ewig bindet

D ie Notice 2013-69[40] ist nicht nur eine weitere 'Notiz' mit Auslegungen zu FATCA, sondern beinhaltet auch im Entwurf den Vertrag mit dem IRS, dem 'FFI Agreement'. Diese ist für alle Institute in einem IGA II Land sowie in Ländern ohne IGA relevant, die sich registrieren müssen oder wollen.

FFI Agreement

Anders als in einem IGA I Land, wo ein Institut im Kern der lokalen Aufsichtsbehörde unterliegt, und eben nicht sofort dem direkten Zugriff durch das IRS, sind Institute, die direkt mit dem IRS ein FFI Agreement abschließen, sofort auf dem Radar der amerikanischen Behörden.

---

[40] Quelle: http://www.irs.gov/pub/irs-drop/n-13-69.pdf

In IGA II Ländern mag es noch einige Abmilderungen und Ausnahmen zum FFI Agreement geben, für Länder ohne IGA trifft es
ein Institut aber mit voller Wucht, insbesondere der Steuerabzug auf
Recalcitrants.

Zum FFI Agreement stehen in der Notice folgende Kernelemente:

Steuerabzug

- Ein PFFI ist auch zum Abzug von 30% FATCA
Steuer auf withholdable payments, also bestimmte, abzugs-
pflichtige Zahlungen aus U.S. Quellen an NPFFI verpflichtet.

- Ein PFFI ist zum Steuerabzug unter FATCA (Chapter 4) und QI (Chapter 3) verpflichtet.

- Ein Steuerabzug unter FATCA ist auf den Steuerabzug unter QI anrechenbar.

- Der ab 2017 vorgesehene, aber bekanntlich noch
undefinierte Steuerabzug auf Foreign Passthru Payments

findet sich analog zu den IGA aktuell nicht im FFI Agreement.

- Ein FFI in einem IGA II Land ist nicht zum Steuerabzug auf Non-Consenting U.S. Persons verpflichtet, solange die Vorgaben in Bezug auf Kundendokumentation aus dem jeweiligen IGA erfüllt sind. Sind diese nicht erfüllt, sind die betroffenen Konten auf Recalcitrants zu ändern und die 30% FATCA Besteuerung würde greifen. ´Auslöser´ wird im Kern eine sogenannte Gruppenanfrage sein, wie sie im IGA für Schweiz und Österreich definiert ist. Wenn also das IRS den Eindruck hat, dass sich ein FFI in einem IGA Land nicht FATCA konform verhält, z.B. wenn die Zahl der Non-Consenting U.S. Personen sehr hoch wäre, dann startet das IRS eine Gruppenanfrage an die Finanzbehörde des IGA II Landes und verlangt vom betroffenen Institut die namentliche Herausgabe der Daten der betroffenen Kunden und eben die Besteuerung.

Die Notice 2016-69 hat aber auch noch einige andere Punkte parat:

- Ein PFFI oder ein Reporting Model II FFI, der i.S. des FFI Agreements bereits 30% FATCA Steuer auf eine Zahlung belastet hat, muss keine zusätzliche Steuer unter QI einbehalten. Keine Überraschung an dieser Stelle, da von vorneherein erwartet wurde, dass es zu keiner doppelten Besteuerung kommen wird.

- Mit Zahlungen von Foreign Reportable Amounts an NPFFI konnte man aus den Final Regulations noch alle Zahlungen verstehen, also z.B. auch solche, die nicht über ein beim FI geführtes Konto erfolgen, sondern überwiesen werden. Die Notice hat dies nur auf Financial Accounts eingegrenzt, lässt es dem meldenden Institut aber frei alle Zahlungen zu melden, auch aus U.S. Quellen.

- Reporting zu Zahlungen von Foreign Reportable Amounts an NPFFI für die Jahre 2015 und 2016 erfolgt über Form 8966 anstelle von 1042-S.

- Das IRS hat zwei weitere Kategorien von Einheiten geschaffen;
  - o Direct Reporting NFFE: Ein passiver NFFE, das sich selbst beim IRS registriert und dann auch

entsprechend einem Reporting zu ihren substantiellen U.S. Anteilseignern (substantial U.S. owners) vornimmt.

o   Sponsored Direct Reporting NFFE: Ein Direct Reporting passive NFFE, wo das Reporting durch einen ´Sponsor´ i.S.d. Sponsoring Entity Concepts erfolgt.

26. Notice 2014-33

oder

Das Runde muss ins Eckige

Zeitnah zur Fußball Weltmeisterschaft 2014, ein logischer Zusammenhang ist nicht erwiesen, hat das IRS am 02. Mai 2014 noch kurz vor Torsch(l)uss eine weitere Notice erlassen.

Ein Zusammenhang mit König Fußball scheint auch schon deswegen abwegig, da ´Fußball´ in den USA nicht nur schon für ein anderes Ballspiel belegt wurde, man nennt es dort ´Soccer´, sondern Fußball auch (noch) nicht den gesellschaftlichen Stellenwert hat, verglichen mit den meisten Ländern.

Eine gestiegene Popularität kann sich Fußball allerdings nicht verwehren. Inzwischen ist es offensichtlich so populär geworden, dass es einige konservative Kreise gar zu ängstigen scheint.

Die amerikanische Kolumnistin und Buchautorin Ann Coulter, die sich zwar weder für Fußball interessiert und dessen Regeln versteht, aber dennoch medial extrem Rechtsaußen spielt, will am zunehmenden Fußballinteresse der Amerikaner einen moralischen Verfall wahrgenommen haben. Aber dies sei nur am Rande des Spielfelds erwähnt.

Was das alles mit FATCA zu tun hat? Eigentlich nichts, hat einfach gerade gut gepasst. Nun aber rasch zurück zur Notice.

Tenor diesmal war die Ankündigung des IRS, nicht gleich zu Beginn von FATCA Fehlverhalten, was immer das auch sein sollte, mit voller drakonischer Härte zu ahnden, sondern während der Jahre 2014 und 2015 auch mal Gnade vor Recht ergehen zu lassen, also eher mal ein Auge zuzudrücken, als schon bei kleinsten Verfehlungen den sonst üblichen Auge um Auge Ansatz zu verfolgen.

An dieser Stelle sei kurz erwähnt, dass es nach den Final Regulations, die eben doch nicht ganz so final waren, auch noch weitere finale und temporäre Regulations zum Steuerabzug bzw. Withholding und zur Harmonisierung von Chapter 3 (QI) und Chapter 4 (FATCA) gab.

Diese wiederum mehrere hundert Seiten an Vorschriften hat sich der Autor zwar zu Gemüte geführt, aber dann doch beschlossen, dem kurz vor der Zielgeraden kein eigenes Kapitel mehr zu widmen, da der Mehrwehrt an neuen Erkenntnissen sich doch sehr in Grenzen hält.

Hier nun einige Eckpunkte aus der Notice 2014-33[41], kurz und knackig:

- Die Jahre 2014 und 2015 werden vom IRS als Transitjahre betrachtet. Es wird erwartet, dass sich die Institute zwar an alle Vorschriften halten, sollte hier und da aber nicht alles zur vollsten Zufriedenheit funktionieren, wird es das IRS wohl nicht gleich mit aller Härte der zur Verfügung stehenden Mittel ahnden.

- Neue Entity Accounts müssen erst ab dem 01. Januar 2015 im Sinne von FATCA identifiziert und dokumentiert werden, somit eine quasi Verschiebung um 6 Monate, wobei zu beachten ist, dass sich für solche Kunden dann keine Betragsgrenzen (USD 250.000) ergeben.

---

[41] Quelle: http://www.irs.gov/pub/irs-drop/n-14-33.pdf

- Die aufschiebende Wirkung bei Entity Accounts hat aber keine Auswirkung auf die Überprüfungsfrist der Bestandskunden bis 30. Juni 2016.

- Die Dokumentationsregeln in Bezug auf die Selbstzertifizierung wurden etwas entschärft, wodurch es nun auch möglich ist, auf eigene Formulare und Anschreiben (Written Statements) auch in einer ′Fremdsprache′ auszuweichen.

Damit lagen nun (fast) alle wichtigen Bestandteile von FATCA auf dem Tisch, so dass man es jetzt nur noch umsetzen musste. Damit sind wir aber noch lange nicht am Ende unserer Geschichte.

Zum und nach dem Einführungstermin zum 01. Juli 2014 haben sich noch etliche Entwicklungen ergeben, die durchaus auch der Erwähnung verdienen und die ich Ihnen nicht vorenthalten will.

Davon nun mehr im Dritten und letzten Teil.

Teil III

Nachspielzeit

27. Das hat man nun davon

Wer sich bis jetzt mit FATCA beschäftigt hat und die Aufgabe auch nur einigermaßen ernst genommen hat, ist sich vielleicht im Nachhinein gar nicht mehr im Klaren, wieviel Literatur bis dato verschlungen werden wollten.

Zählt man die Seiten der Notices, Regulations, seien es Entwürfe, finale, temporäre oder korrigierende und dazu noch die über 100 IGA und daraus resultierende Umsetzungsverordnungen zusammen, kommt man auf weit über 2000 Seiten an Kleingedrucktem.

Zum Zeitpunkt als die letzten Seiten dieses Buches entstanden sind waren bereits über 100000 Finanzinstitute rund um den Globus auf dem FATCA Portal des IRS registriert, fast ausschließlich alle aus Ländern mit einem IGA[42]. Das IRS schätzt, dass die Zahl am Ende, wovon auch immer, auf gut 500000 registrierte Einheiten anwachsen kann.

---

[42] Quelle: Die aktuelle Liste der beim IRS registrierten Institute findet sich hier:
http://apps.irs.gov/app/fatcaFfiList/flu.jsf

Wenn nur ein Bruchteil davon in 2015 beginnen wird Meldungen an das IRS zu schicken, dürfen wir alle gespannt sein, was das IRS denn mit den Informationen anstellen will, vor allem anstellen kann.

Kurz vor Schluss man nun in der Tat die Frage aufwerfen, was denn nun aus all diesen Daten wird, wenn sie mal ausgetauscht sind, was immer denn ausgetauscht wurde.

Die Idealvorstellung mag sein, dass die gemeldeten Daten bei einer Finanzbehörde elektronisch gegen die von den betroffenen Steuerzahler abgeglichen werden und dann bei gewissen Lücken, wenn also z.B. ein Steuerzahler in Frankreich mal wieder 'vergessen' hat, seine Firmenbeteiligung in den USA in der Steuererklärung anzugeben, auf den Steuerzahler zuzugehen und auf die 'Lücke' aufmerksam zu machen.

Das kann schon mal passieren, wenn die Investition über eine Delaware LLC erfolgt, die einem Trust auf den Bahamas gehört, die wiederum einem Trust in Hong Kong dessen Begünstigter ein Gesellschaft in Singapur ist und die wiederum besagtem Franzosen gehört.

Wenn Sie jetzt glauben, das klingt arg konstruiert, sei versichert, das ist eine Konstruktion, die so oder so ähnlich täglich entstehen kann und bei Bedarf umgebaut wird. Die bereits erwähnten Verweise auf Nachforschungen des Committees von Carl Levin listen unzählige und vor allem sehr anschauliche Beispiele auf, welche kreativen Kräfte freigesetzt werden können, wenn nur die betroffene Summe bzw. der Betrag der ´ersparten´ Steuer hoch genug und das Risiko, der Steuerfahndung ins Netz zu gehen, überschaubar ist.

Bis alle beteiligen Nationen nun also zu einem totalen Abgleich in der Lage sind, wird es einige Zeit dauern. Man bedenke dabei, dass technischer Fortschritt wie wir ihn vielleicht von Apple oder Google gewohnt sind, nicht in jede Nische und Unterabteilung einer Finanzbehörde Einzug genommen hat. Manche Finanzbehörden werden sich vermutlich schon glücklich schätzen, wenn sie die angelieferten Meldungen ausdrucken können und dann manuell gegen Steuerdaten der Behörde abgleichen zu können.

Das macht aber nichts. Wirkung wird bereits dadurch erzielt, dass die Möglichkeit besteht, dass die Finanzbehörden einen gewissen Grad an Transparenz herstellen könnten, die Abschreckung vor einer theoretischen Entdeckung also viel größer ist als eine tatsächliche.

Die Selbstanzeigen in den USA und anderswo zeigen sehr deutlich auf, wie sehr die Angst um sich greift. Alleine seit 2009 sollen es etwa 45000 Selbstanzeigen gewesen sein und sollen bis 2012 gute USD 5,5 Mrd. an Steuern, Zinsen und Strafgebühren eingebracht haben[43].

In den USA gibt es seit einigen Jahren dazu auch zeitlich begrenzte Maßnahmen 'to come clean with Uncle Sam', also Offenlegung aller bislang nicht deklarierten Einkünfte, deren Nachversteuerung zuzüglich Strafgebühren. Berechnet man die Anwaltskosten mit ein, kommen da teils erhebliche Summen zusammen.

Geht man nun weiter davon aus, dass hinter den Einzelfällen oftmals keine absichtliche Hinterziehung steckt, sieht sich mancher wegen einer vermeintlichen Nachlässigkeit am Rand des fiskalischen Ruins wieder, wenn nicht sogar hinter Gittern.

Neben diesem 'Voluntary Disclosure Program', wobei 'freiwillig' fast schon satirischen Charakter hat, gibt es allerdings inzwischen auch das vereinfachte Verfahren 'Streamlined Foreign Offshore Procedure' Programm, womit man etwas schneller durch das Offenlegungsverfahren kommt, und meist auch mit geringeren Strafen rechnen darf, wenn die Versäumnisse der Vergangenheit

---

[43] Quelle: Die Zahlen zu den Selbstanzeigen wurden auch auf dem TPG Meeting präsentiert: GGI North American Conference, New Orleans, 15. Mai 2014

nicht auf allzu große Fahrlässigkeit oder klare Absicht, sondern eher auf Versäumnis oder Geringfügigkeit zurück zu führen sind.

Auch in anderen Ländern gibt es seit einigen Jahren Programme der Steuerbehörden, wie in Italien nicht selten mit Amnestiecharakter, wenn es also dem Land lieber ist, das Geld kommt zurück und wird (ab jetzt) versteuert, als eben weiterhin gar nicht. Darüber wie viele von Denen, die solche Amnestien (mit) erlassen, selbst in mehr oder minderen Maße davon betroffen sind und somit in den vollen Genuss solcher Ablasse kommen, ist nicht bekannt.

Wird das die Hinterziehung von Steuer nun eindämmen oder künftig verhindern? In einem gewissen Maßen ja! Der Kleinunternehmer oder Selbständige, der bislang einen kleinen (oder auch mal größeren) Betrag in einem Drittland seiner Wahl steueroptimiert deponiert und investiert, also ohne den betreffenden Betrag und Erträge daraus der Besteuerung zu unterwerfen, wird es schwer haben, dem weiterhin zu frönen.

Diese Gruppe ist aber schon seit einigen Jahren hellhörig und nicht selten bereits als reumütiger Sünder in den Schoß des heimischen Fiskus zurückgekehrt. Ankäufe von CDs wie in Deutschland oder ehemalige Banker, die gegen gutes Honorar auspacken wie in den USA, haben die Anzahl von Selbstanzeigen und Nachversteuerungen längst in Vergessenheit geratener Vermögenswerte in stratosphärische Höhe getrieben.

Auch für Länder, bei manchen bietet sich eher der Begriff Ländchen an, deren Banken bislang ein Vielfaches an Kunden in Relation zur Einwanderungszahl aufweisen konnten, wird die Luft zunehmend eng. Das zeigt das Beispiel Andorra, lange ein Paradies, nicht nur für Touristen sondern vor allem für Steuersparer, insbesondere aus Spanien. Durch Druck vor allem durch die Staatsoberhäupter aus Frankreich hat Wirkung gezeigt und für die vormals so stolze Enklave ist auch eine EU Assoziation nicht mehr ausgeschlossen.

28. Die Karawane zieht weiter

Sie kennen das ja, wie es ist, wenn man erst mal auf den Geschmack gekommen ist. Warum eine Idee, die primär auf die USA abzielt nicht auch für andere Zwecke zu nutzen, zumal in Zeiten knapper Staatskassen und dem weiterhin recht scheuem Kapital, das laufend nach Auswegen sucht, dem Fiskus aus dem Weg zu gehen oder durch kreative Ausnutzung mal mehr, mal weniger legaler Kapriolen, die Steuerlast zumindest zu senken oder auf der Zeitachse zu verschieben.

Schon bei den Verhandlungen zu den IGA hat sich abgezeichnet, dass hier nach größerem gestrebt wird. Bereits am 26. Februar 2012 hatten sich dazu die G20 Länder, inklusive die ´Gründungsväter´ der FATCA IGA, somit Deutschland, Frankreich, Italien, Spanien und das Vereinigte Königreich auch auf eine Ausweitung des Datenaustausches untereinander verständigt, dem sich nach und nach eine immer größere Zahl von Ländern angeschlossen haben, über die G20 zu inzwischen zu über 120 Ländern. Aber nacheinander.

Es hat sich nach der ersten Phase des Schockes schnell gezeigt, dass einige Kernländer in Europa an einem größeren Wurf interessiert sind, als nur FATCA. In dem Zuge mag es nicht verwundern, dass es im Rahmen der IGA Gespräche auch bald um den Meldestandard ging. Sahen sich hier anfangs noch die USA in der Führung, und wo sehen sie sich nicht in Führung, ging das zügig auf eine internationale Ebene über, wenngleich die Handschrift der USA weiterhin erkennbar blieb.

Es verwundert auch nicht, dass die OECD das Mandat bekam, einen globalen Standard zum internationalen Austausch steuerrelevanter Daten zu entwickeln: Hat doch die OECD bereits im 29. Oktober 2011 einen Artikel mit dem vielsagenden, apokalyptischen Titel ´The era of Bank secrecy is over´ veröffentlicht, auf gut deutsch ´das Bankgeheimnis ist nicht mehr´[44].

Die OECD hat am 25. Februar 2014 den **C**ommon **R**eporting **S**tandard (CRS) für den automatischen Datenaustausch bzw. Automatic Exchange of Information (AEOI) vorgestellt. CRS soll dazu dienen, zum einen das FATCA Reporting für die USA zu erstellen und zu übermitteln, zum anderen den Datenaustausch zwischen teilnehmenden Ländern zu etablieren.

---

[44] Quelle: Den vollen Bericht der OECD findet sich unter: http://www.oecd.org/ctp/exchange-of-tax-information/48996146.pdf

Am 15. Juli 2014 hat die OECD nun die finale Version zum CRS veröffentlicht inklusive ausführlicher Kommentierung für die Umsetzung. Ziel soll es sein, dass sich zwei Länder, die auf Basis des CRS Daten austauschen wollen, im Kern nur noch eine Vereinbarung, das ´Common Authority Agreement´ (CAA), unterschreiben müssen und schon kann es losgehen mit dem Datenstrom[45].

Basis für den Start von AEOI zwischen zwei Ländern wird ein bilateraler Vertrag sein, ebensolche IGA wie wir sie nun schon unter FATCA kennen. Es kann verständlicher Weise noch eine Weile dauern, bis z.B. ein solches IGA zwischen Frankreich und China geschlossen wird. Nicht aber in der E.U.

In der EU gilt der Automatische Informationsaustausch (AIA) im Rahmen der ´EU Amtshilferichtlinie in Steuersachen´[46] als beschlossen. Die EU Staaten verpflichten sich demnach bereits 2017 steuerrelevante Daten bezogen auf das Jahr 2016 untereinander auszutauschen. Inhaltlich orientieren sich die Meldungen an FATCA bzw. dem CRS Standard.

---

[45] Quelle: OECD Automatic Exchange of Financial Information, Background Information Brief vom 21. Juli 2014

[46] Quelle: EU Richtlinie 2011/16/EU

Auch in Sachen Steuertransparenz, Offenlegung von Kontoinhabern oder dem Austausch von steuerrelevanten Daten bislang eher zurückhaltend agierende Länder wie Luxemburg oder Österreich wollten sich dem aktuellen Trend offensichtlich nicht entziehen.

Allerdings hat sich das Land der Manner Schnitten und des Kaiserschmarrns noch ein zusätzliches Jahr für den ersten Datenaustausch erbeten. Schließlich sei eine umfassende Datenerhebung mit anschließendem Austausch solcher bei Finanzinstituten in der ehemaligen K+K Republik Neuland, also ähnlich wie scheinbar das Internet in Deutschland, zumindest wenn man den Aussagen der Regierung folgt, und es somit in Österreich etwas länger dauern wird, bis das Donau auf und ab umgesetzt ist.

Im November 2014 tagten dann noch die 120 Mitgliedstaaten des 'Global Forum on Transparency and Exchange of Information for Tax Purposes'. Bei der Gelegenheit wurde zudem der CRS von über 40 Staaten unterzeichnet, die bei der ersten Welle (early adopters) dabei sein wollen. Die nächsten 20 Staaten stehen schon Schlange. Mittendrin und auch dabei ist derzeit wohl das Gebot der Stunde.

29. Liebesgrüße aus Moskau

oder

Darf es etwas weniger sein?

Russland hat sich dem globalen Trend angeschlossen und war auch mit den USA in Verhandlungen über ein IGA eingetreten. Dann ist mit der Krim Krise eine politische Gegenbewegung eingetreten, die die USA veranlasst haben, die IGA Gespräche abzubrechen.

Jetzt ist es ja nicht so, dass es in Russland nur so von U.S. Personen wimmeln würde, woran auch ein prominenter Exilant aus dem NSA Umfeld nichts ändert. Russland ist aber schon daran gelegen, an den internationalen Finanzmärkten nicht komplett isoliert zu werden.

Russische FFI somit FATCA konform zu stellen war also schon konform. Die Duma hat hierzu am 20. Juni 2014, also kurz vor Torschluss, ein Gesetz erlassen, das es russischen FFI ermöglicht, den

FATCA Vorschriften zu entsprechen, nicht zuletzt sich beim IRS registrieren zu können.

Russland wäre aber nicht Russland, wenn sie nicht ein paar Sonderlocken in die Vorschriften eingebaut hätten.

- Russische FFI dürfen sich beim IRS registrieren, müssen die Registrierung aber innert drei Tagen bei den russischen Finanzbehörden anzeigen.

- Russische FFI dürfen demnach in ihrem Kundenstamm elektronisch nach U.S. Indizien suchen, müssen aber die Kriterien für die Indiziensuche öffentlich aushängen.

- Russische FFI dürfen Anfragen von ausländischen Steuerbehörden annehmen, müssen diese aber innert zwei Kalendertage den russischen Finanzbehörden anzeigen.

- Russische FFI dürfen U.S. Personen nach deren vorheriger Zustimmung, und nur dann, an das IRS melden, außer es sind bestimmte russische Staatsbürger oder die russischen Behörden lehnen die Weitergabe ab.

Auch ein gewisses Maß an Reziprozität wird in Russland eingeführt. Ausländische FI in Russland, die Konten für russische Staatsbürger eröffnen oder für Einheiten, die von russischen Staatsbür-
gern kontrolliert werden, müssen den russischen Behörden ebenfalls
angezeigt werden.

Es versteht sich von alleine, dass Zuwiderhandlungen mit Strafen
belegt werden. Der Gesetzestext spricht nur von Geldstrafen. Wer
Russland kennt, kann sich aber auch gut vorstellen, dass in besonderen Fällen auch Arbeitsaufenthalte in einem Lager im fernen Osten
nicht ausgeschlossen sind.

Was wohl passieren mag, wenn ein eifriger Bankbeamter in
Russland einen Oligarchen mit Greencard aus dem FOP (Friends of
Putin) Umfeld an die USA meldet, mag man sich eigentlich gar
nicht vorstellen.

30. Anglerlatein

Selbst vor Cyberkriminalität macht FATCA keinen Halt. Kaum hatten FFI ihre GIIN vom IRS mitgeteilt bekommen, haben sich die kriminelle Elemente daran gemacht, ´Phishing´ E-Mails an FFI zu schicken und über diesen Weg an Finanzdaten zu kommen.

Es kann einem auch heute noch passieren, dass man ein E-Mail von einem ´Freund´ aus Nigeria bekommt, der eher zufällig mitten im Dschungel über ein Konto mit mehreren Millionen Euro, Dollar oder sonst etwas gestolpert ist und das gerne mit uns teilen will, wenn wir uns durch einen kleinen Betrag, gerne auch mal mehrere EUR 10.000, es geht ja darum Millionen einzusacken, an den ´Bergungsarbeiten` beteiligen.

Somit ist ein E-Mail von einem ´FATCA Freund´ doch mal was Neues und Innovatives.

Das IRS hat dann schnell informiert, dass ein Reporting ausschließlich an das IRS zu erfolgen hat und eben nicht an eine beliebige E-Mail Adresse oder Webseite von bösen Buben.

31. Die Schweiz wird weiß

Die Schweiz will wieder mehr hin zu mehr Heidi Romantik und solidem Bankgeschäft, was immer man darunter verstehen mag, und damit weg vom Nimbus oder Synonyms eines Zielortes für unversteuertes Kapital.

Um das zu erreichen, hat sich die Eidgenossenschaft einer Weißgeldstrategie verpflichtet. Man mag an der Stelle fragen, was es denn vorher für eine Strategie gab, aber genug davon.

Auf jeden Fall kann es Kunden aus dem Schweizer Ausland passieren, dass sie Post von ihrer Schweizer Bank bekommen und die Herkunft ihres angelegten Vermögens erklären sollen und auch gleich noch bestätigen müssen, dass sie auch in ihrem jeweiligen Heimatland den dortigen Steuerverpflichtungen nachkommen.

Man muss derzeit also nicht zwingend Fußballfunktionär oder Herausgeberin einer Frauenzeitschrift sein, um sich der besonderen Zuwendung einer Schweizer Bank gewiss zu sein, sofern man dort ein Konto, womöglich schon sehr lange, unterhält und bislang einen

Fantasienamen und eine Postfachadresse als ausrechenden Transparenznachweis erachtet hat.

32. Wo das Geld wohnt

Die neue Strategie hat bereits erstaunliche Blüten getrieben auch wenn die Wortwahl vielleicht etwas deplatziert wirkt. Kunden mit Wohnsitz im Ausland werden durch einige Institute in der Schweiz seit einiger Zeit angeschrieben und einen Nachweis über die Herkunft und die Besteuerung der betreuten Gelder zu erbringen.

Wer dem nicht nachkommt, kann sich nicht selten auf Post im Briefkasten freuen, wo der gesamte Anlagebetrag als Verrechnungsscheck zugeschickt wird.

Zumindest über das Auslandskonto muss man sich in dem Fall keine Sorgen mehr machen, wohl aber über die Frage, wo und wie man den Scheck denn eingelöst bekommt.

Vielleicht gibt es da aber auch wieder Anbieter aus mehr oder weniger dunklen Quellen, die da ein neues Geschäftsmodell für sich entdecken mögen. Die meisten werden dann doch lieber den schmerzvollen Weg nach Kanossa bzw. zum lokalen Finanzamt antreten, auch wenn das dann im Extremfall zu einem ungewollten längeren ´Sabbatical´ auf Staatskosten wieder findet. Aber da findet man sich ja in teils illustrer und prominenter Gesellschaft.

33. Ein Symbol auf Rückzug

F ür lange Zeit, zumindest bis zum Mauerfall, was für eine Analogie, war eine U.S. Staatsbürgerschaft für viele das höchste der Gefühle, der heilige Gral, der höchstmögliche Status, na zumindest für manche.

Eine Aufgabe der U.S. Staatsbürgerschaft kam somit in der Vergangenheit quasi gar nicht vor. Im Höchstfall waren es einmal ein paar hundert Amerikaner im Jahr, die ihren Pass am Ausgang abgegeben haben.

Das hat sich mit FATCA, und einigen weiteren U.S Steuergesetzen, massiv verändert. Alleine im Jahr 2013 haben sich gut 3000 Menschen auf den Weg ins nächstgelegene U.S. Konsulat begeben und haben ihrer U.S. Staatsangehörigkeit feierlich abgeschworen. Ein einmaliger Vorgang in der sonst so von Stolz geschwängerten U.S. Geschichte, sollte man meinen, für 2014 sieht es aber ähnlich aus.

Bekannt wurde diese wenig ruhmreiche Entwicklung nicht zuletzt durch Tina Turner, die schon seit vielen Jahren in der Schweiz lebt und offensichtlich auch den Punkt erreicht hat, an dem die Nachteile eines U.S. Passes die Vorteile bei weitem überragen.

34. Melden Sie was Sie wollen

In den Wochen und Monaten seit FATCA nun am Start ist, rückt auch die Frage nach dem ersten Reporting, also dem Meldewesen unter FATCA immer mehr in den Vordergrund. Nicht ganz ohne Grund, müssen sich doch 100000+ beim IRS registrierte Institute langsam Gedanken machen, wie sie in 2015 und in den Folgejahren das Reporting direkt oder indirekt in den elektronischen Briefkasten des IRS bekommen wollen.

Im ersten Schritt sind nun bekanntlich ´nur´ Stammdaten der U.S. Personen sowie der Kontostand zu melden, erst in den Folgejahren kommen dann die Erträge, Bruttoerlöse und das Transitional Reporting für NPFFI zum Tragen. Dabei läuft es nicht immer so homogen ab, wie es das von der OECD entwickelte XML Schema vermuten lassen mag, wie uns die folgenden Beispiele eindrucksvoll zeigen.

34.1   Deutschland

Deutschland gehört, was die Granulierung von steuerbaren Information angeht, sicher als eines der am weitest entwickelten Ländern weltweit. Banken in Deutschland sind bereits heute in der Lage, alle möglichen Arten von Erträgen und Erlösen danach zu trennen, ob solche Zahlungen steuerbar sind oder nicht und wenn ja, in welcher Höhe. Ursache dafür ist die seit einigen Jahren eingeführte Abgeltungsteuer, Sie erinnern sich bestimmt an den Werbeslogan von Peer Steinbrück dazu ´lieber 25% auf X, als 40% auf nix´, die Banken dazu verpflichtet, von ebensolchen steuerbaren Zahlungen 25% Kapitalertragssteuer einzubehalten, natürlich zuzüglich Solidaritätszuschlag, Solidarität kennt schließlich auch 25 Jahre nach der ´Wende´ kein Ende.

Wer am Kapitalmarkt investiert ist, die Medien sprechen dann gerne vom ´Anleger´, auch wenn zwischen Kauf und Verkauf eines Wertpapieres, Hochfrequenzhandel sei Dank, nur Bruchteile von Sekunden vergehen mögen, erhält hier und da auch gerne mal eine Ertragszahlung in Form von Zinsen, Dividenden, Fondsausschüttungen oder sonstige Erträge aus Kursgewinnen beim Verkauf oder bei Fälligkeiten von Anleihen.

Für FATCA sind solche Zahlungen, sofern sie U.S. Personen zugeflossen sind, unter dem IGA I im XML Schema an das Bundeszentralamt für Steuern (BZSt.) zu melden. Erster Meldetermin soll laut der FATCA Umsetzungsverordnung der 31. Juli 2015 für das Meldejahr 2014 sein.

Die in Deutschland angefallenen, für FATCA melderelevanten Zahlungen müssen dann auf die drei Meldekategorien ´Zinsen´ (Interest), ´Dividenden (Dividends) und ´Bruttoerlösen´ (Gross Proceeds) aufgeteilt werden. Bei einer Bank in Deutschland gibt es aus der Abgeltungsteuer heraus gerne mal einige Dutzend verschiedene Zahlungsarten, die somit auf diese drei Meldekategorien heruntergebrochen werden müssen. Ein mangels klarer Vorgaben nicht ganz einfaches, aber machbares Unterfangen.

Was an dieser Stelle jetzt schon klar wird, dass es schon auf Institutsebene Abweichungen geben kann, was in einer der drei Meldekategorien gemeldet wird.

34.2　Großbritannien

Das Vereinigte Königreich hat FATCA zur Gelegenheit genutzt, den Steueroasen ihrer Steuerpflichtigen den Kampf anzusagen, sollen doch in den Kronkolonien wie Jersey oder Guernsey sowie in den Überseebesitzungen wie den britischen Jungferninseln oder den Bermudas Milliarden von auch wieder mehr oder weniger unversteuertem Geld britischer Steuerzahler angelegt sein.

Um dem ein Ende zu machen, haben die Briten gleich ein eigenes FATCA, umgangssprachlich UK FATCA genannt, mit den Kolonien und Besitzungen abgeschlossen, somit sind die Institute in diesen Ländern auch verpflichtet nach britischen Steuerzahlern Ausschau zu halten und diese an die britische Finanzbehörde HMRC (Her Majesties Revenue and Customs). Erfolgen sollen diese Meldungen wie bei FATCA im XML Format.

Bei derart viel Eigeninteresse wundert es einem nicht, dass sich die Briten, in Steuerangelegenheiten auch sehr akribisch, daran gemacht haben, das XML Schema ihren Verhältnissen anzupassen. In der Fassung vom August 2014 der HMRC Vorgaben zum Reporting und den dazugehörigen technischen Vorgaben zur Befüllung des XML Schemas geht schnell hervor, dass zwar das OECD Schema beibehalten wird, Feldnamen aber bereits umbenannt wurden und Feldinhalte auch auf UK FATCA angepasst wurden[47].

Global agierende Institute, die versuchen zentrale Reporting Lösungen für alle Länder, in denen sie aktiv sind, zu entwickeln, werden durch zunehmende ´Sonderlocken´ vor unerwartete Umsetzungshürden gestellt.

Wie viele Länder noch ähnliche Kreativität entwickeln werden, ist noch gar nicht abzusehen.

---

[47] Quelle: https://www.gov.uk/government/uploads/system/uploads/attachment_data/file/357542/uk-us-fatca-guidance-notes.pdf

34.3   Niederlande

Die Niederlande als offenes Land haben sich schon seit einigen Jahren der Meldung und damit Offenlegung von Finanzdaten verpflichtet. Finanzinstitute in den Niederlanden sind verpflichtet bis Ende Januar eines Jahres zu deren Kunden bestimmte Daten an die Niederländische Finanzbehörde zu liefern. Zu den melderelevanten Daten gehören unter anderem:

- Name
- Adresse
- Kontonummer
- Kontosaldo
- Zinsen und Erträge

Wenn Sie sich jetzt fragen, ob Ihnen das nicht irgendwie bekannt vorkommt, kann ich Sie beruhigen, dem ist tatsächlich so. Ohne dass im Ausland groß Notiz davon genommen wurde, erfüllen Finanzinstitute in den Niederlanden die FATCA Anforderung ohne weiteres Zutun praktisch schon heute weitgehend.

34.4 Singapur

Singapur, in Finanzangelegenheiten auch gerne mal als die Schweiz Asiens bezeichnet, hat bei der Umsetzung ihrer IGA Anforderungen ebenfalls Kreativität bewiesen, wenn es um die Meldung von Zahlungen von Foreign Reportable Amounts an NPFFI für die Jahre 2015 und 2016 geht.

Man kann vermuten, dass die Banksysteme in Singapur noch nicht ganz so weit entwickelt sind wie in Deutschland, da es dort z.B. auch keine Abgeltungsteuer gibt, die das erforderlich machen würde.

Auf jeden Fall haben die Behörden dort ihre meldepflichtigen Institute angewiesen, bei der Meldung zu NPFFI einfach alle Zahlungen zu melden, also einfach die Summe aller Habenbuchungen[48].

Dass sich dadurch dann kaum noch Rückschlüsse daraus bilden lassen, wie viele steuerpflichtige Zahlungen an NPFFI geflossen sind, ist offensichtlich.

---

[48] Quelle: http://app.mof.gov.sg/pc_fatca_2014.aspx

Wir können nur vermuten, dass die Behörden in Singapur davon ausgehen, eher wenige NPFFI melden zu müssen und somit den Aufwand für meldepflichtige Institute so gering wie möglich halten wollen.

34.5   Schweiz

Institute in der Schweiz können auf Grund des noch immer existierenden Bankgeheimnisses nicht einfach hergehen, und Informationen zu U.S. Personen und NPFFI an das IRS zu melden, sondern bedürfen dazu eines Einverständnisses der Delinquenten. Die eidgenössische Finanzverwaltung hat hierzu auch gleich Musterbriefe für die Institute publiziert, so dass sich die Kommunikationsabteilungen der Schweizer Finanzinstitute nicht zusätzlich abmühen müssen.

Erfolgt gerade bei U.S. Personen kein Einverständnis ('Waiver'), dann sind die betroffenen U.S. Personen als sogenannte 'Non-Consenting' Personen zu melden, also schon mal wieder verdächtig.

Das stellt globale Institute mit angestrebten, zentralen Reporting Lösungen wie auch im Falle des Vereinigten Königreiches vor zusätzliche Herausforderungen. Diese müssen, wenn sie das XML Schema z.B. zentral erstellt haben, vor dem Versand an die USA vorab prüfen, ob das Einverständnis des Kunden zur Datenweitergabe vorliegt. Wenn nicht, sind diese Kunden dann in der Datei entsprechend 'um zu schlüsseln'.

Die Schweiz ist zudem mittendrin, von IGA II auf IGA I zu wechseln, der automatische Informationsaustausch mit der EU lässt grüßen, was den Umsetzungsaktivitäten zusätzlich unerwartete Abwechslung beschert.

34.6   USA

Den USA selbst scheinen ihre Umsetzungsvorgaben nicht mehr ganz geheuer zu sein, zumindest für QI. Diese müssen seit 2001 eine sogenannte 1042-S Meldung abgeben, in dem QI u.a. melden müssen, welche Zahlungen aus U.S. Quellen an welche Empfänger geflossen sind oder welchem Quellensteuersatz diese Zahlungsempfänger unterlagen. Die Meldungen zu 1042-S erfolgen meist elektronisch und das IRS gibt jährliche fachliche Vorgaben ('Instructions') zu den Formularen sowie technische Anweisungen mit der Publication 1187 heraus[49].

In den Instructions finden sich auch die Vorgaben für die Empfängertypen, z.B. werden alle natürliche Personen in einem Pool zusammen gefasst, weil sich das IRS ja nicht für die Namen von Nicht-U.S. Personen interessiert, zumindest noch nicht, sondern dafür, dass für diese Personengruppe der richtige Quellensteuersatz auf Erträge aus U.S. Wertpapieren zur Anwendung gebracht wurde.

Pro Empfängertyp gibt es einen Code, bislang Recipient Code (RC) genannt, nun auf Chapter 3 Status Code umbenannt. Diese

---

[49] http://www.irs.gov/pub/irs-pdf/p1187.pdf

Codes wurden seit 2001 nur ganz selten verändert, ab und an kam mal einer hinzu. Für FATCA hat sich das IRS dann aber so richtig ins Zeug gelegt und die Anzahl der möglichen Codes kräftig erweitert und fast alle bestehenden Empfängertypen mit neuen RC versehen. So hält man die IT Abteilungen der QI auf Trab.

Die betroffenen Institute waren noch immer beim Luft holen, als das IRS schon wieder zurückgerudert hat. Sie haben die betroffenen Institute kurzfristig wissen lassen, dass sie, falls die Umsetzung der neuen Codes in der kurzen Zeit bis zum Abgabetermin im März 2015 doch etwas zu ambitioniert sein sollte, die Wahl gelassen, zumindest für 2014 noch die alten Codes zu verwenden.

Da manche Institute bzw. Meldeprogramme das Vorjahr überschreiben und somit womöglich nicht mehr verfügbar sind, oder in Teilen schon mit der Umsetzung der neuen Codes begonnen wurde, stellt das IRS zusätzlich frei, Codes zur Anwendung zu bringen, die den früheren nahe kommen. Wenn Sie das jetzt für einen Witz halten, seien Sie beruhigt...weit gefehlt[50].

---

[50] Quelle: IRS: Cover Sheet to update 2014 instructions to Form 1042-S

Wie das IRS dann aus diesem Kuddelmuddel aus alten Codes, neuen Codes und irgendwelchen Codes eine sinnvolle Auswertung der gemeldeten Daten machen will, wird ein Rätsel bleiben.

35. Der Wähler ist immer und überall

Alle zwei Jahre laufen sich die beiden amerikanischen Parteien, Demokraten und Republikaner, für die Kongresswahlen im November warm und der Kampf um den Wähler wird aufs Neue mit allen zur Verfügung stehenden Mitteln, vor allem medial, ausgefochten. Mittel stehen bei den Wahlkämpfen mehr oder weniger unbegrenzt zur Verfügung, alleine die Wahlen in 2012 sollen inklusive der Wiederwahlbestrebungen von Präsident Obama gut USD 4 Mrd. verschlungen haben.

Da die tollen Werbespots zur Wahl, in denen es weniger um die Darstellung der eigenen Wahlziele geht oder dem Wähler einen Grund zu geben, den angepriesenen Kandidaten zu wählen, sondern vielmehr darum Argumente zu finden, den Gegenkandidaten nicht (mehr) zu wählen.

Dafür sind zumindest verbal alle Mittel erlaubt und wer sich fragt, wie es der U.S. Kongress geschafft hat, einen kaum noch wahrnehmbaren Zustimmungswert von derzeit knapp 10% zu erhalten, dem seien die Werbevideos so mancher Kandidaten ans Herz gelegt. Spätestens nach dem Konsum einiger solche Wahlwerbesendungen kann es einem schon schlecht werden, auch ohne vorher was gegessen zu haben.

Nun leben auch einige Wähler außerhalb der USA und kommen nicht in den Genuss der Wahlbeeinflussung wie sie in den Wochen und Monaten vor der Wahl als Dauerwerbesendung laufen, nur gelegentlich unterbrochen von Serien oder Lokalnachrichten.

Auch die im Ausland lebenden Wähler werden gerne von Kongressmitgliedern und solchen, die es werden wollen, heimgesucht. Es scheint kein Entrinnen zu geben. Um dieses Klientel zur Stimmabgabe für sich zu begeistern ist auch FATCA ein willkommenes Thema, wobei die Fronten dabei ähnlich klar gezogen sind, wie bei anderen heißen Themen von A wie Abtreibung bis Zentralregierung.

Zeitnah zum Wahltermin hat eine Delegation von Republikanern sich auf den beschwerlichen Weg nach Europa gemacht, seit Donald Rumsfeld auch gerne als ´Old Europe´ bezeichnet, um dort auch in der entlegensten Ecke die letzten, manchmal entscheidenden Wahlstimmen zu ergattern. Diesen haben die Abgesandten dann ihren unermüdlichen Kampf gegen FATCA vermittelt, die Wahrung der Privatsphäre muss schließlich gewahrt werden und der Bürger vor dem Zugriff der Regierung geschützt werden, auch im entfernten Europa.

Die Demokraten dagegen, in Sachen Wahlkampf nicht minder zimperlich und kapitalstark wie die Republikaner, sehen das natürlich anders. Hier wird FATCA als genau das richtige Mittel angesehen, gegen Steuerflüchtlinge vorzugehen. Ihr Wahlkampftenor in Europa ist dann auch vielmehr Ausnahmen zu FATCA zu erwirken, damit deren Auslandsklientel nicht mehr darum fürchten muss, im Ausland keine oder nur unter erschwerten Bedingungen ein Konto unterhalten zu können.

Auch hier also sind die Gegensätze so weit von einander abgelegen, dass es, selbst wenn es irgendjemand wollte, kaum einen gemeinsamen Nenner, geschweige denn einen tragbaren Kompromiss geben könnte.

36. Wort zum Schluss

Sollten Sie zu denjenigen gehören, die ihr Kapital ausschließlich im Inland anlegen und versteuern, werden Sie zwar von FATCA & Co nicht gänzlich unbehelligt bleiben, wie Sie bei der nächsten Kontoeröffnung bei einer Bank womöglich schnell feststellen werden, im Großen und Ganzen wird sich das kaum auf Sie auswirken und diese Lektüre dient lediglich der Information und, so die Hoffnung, der Unterhaltung.

Sollten Sie zu denjenigen gehören, die im Ausland Geld angelegt, deponiert oder anderweitig auf die Seite und in vermeintliche Sicherheit gebracht haben und dabei den Steueraspekt vielleicht etwas vernachlässigt haben und vielleicht auch noch ein U.S. Bezug besteht, kann es Ihnen schon passieren, dass es in absehbarer Zukunft an Ihrer Tür klingelt.

Wenn es zweimal klingelt, könnte es vielleicht der Fiskus sein…vielleicht aber auch nur der Pizzalieferant.

Das ENDE vom ANFANG.

Abkürzungsverzeichnis

AEOI	Automatic Exchange of Information
AML	Anti Money Laundering
CRS	Common Reporting Standard
EU	Europäische Union
FATCA	Foreign Account Tax Compliance Act
FDAP	Fixed or determinable annual or periodic income
FFI	Foreign Financial Institution
GIIN	Global Intermediary Identification Number
HIRE	Hiring Incentives to restore employment Act
IGA	Intergovernmental Agreement
IRS	Internal Revenue Service
KYC	Know Your Customer
NFFE	Non-Financial Foreign Entity
NPFFI	Non-Participating FFI

OECD	Organization for Economic Cooperation and Development
PFFI	Participating FFI
PPP	Passthru Payment Percentage
QI	Qualified Intermediary
NQI	Non-Qualified Intermediary
USA	United States of America
USD	United States Dollar
XML	Extended Markup Language

Glossar

CRS   CRS wurde von der OECD im Auftrag der G20 und in Zusammenarbeit mit den USA und der EU entwickelt und in 2014 veröffentlicht. Der globale Reporting Standard soll es ermöglichen, dass Finanzinstitute und Regierungsstellen steuerrelevante Daten in einem Standardformat an eine andere Stelle in einem Drittland übermitteln können.

FATCA   FATCA ist an sich kein eigenes Gesetz, sondern ist Teil V des HIRE ACT.

FFI   Dies sind im Kern alle Finanzinstitute, die nicht U.S. Finanzinstitute sind, also aus Sicht der USA ausländische Finanzinstitute. Zu FFI gehören Einlageninstitute, Verwahrinstitute und sogenannte Investment Einheiten (z.B. Fonds). Der Begriff Finanzinstitute unter FATCA umfasst auch Versicherungen.

GIIN   Ein Finanzinstitut das sich bei IRS für FATCA registriert hat, erhält vom IRS eine Identifikationsnummer, mit der sich das Institut gegenüber Dritten als FATCA konform ausweisen kann. Institute, die einer Gruppe bzw. einem

Konzern angehören, haben dieselben ersten sechs Stellen in der GIIN.

HIRE   Der HIRE Act ist ein Wirtschaftsförderungsgesetz aus dem Jahr 2010 zur Wiederbelebung der Beschäftigung nach der `Great Recession`.

IGA   Das sind zwischenstaatliche Verträge mit den USA. Es gibt grundsätzlich zwei Modelle, kurz IGA I und IGA II genannt. Zu IGA Model I gibt es eine Version mit und ohne Reziprozität.

IGA I   FATCA Vorgaben ergeben sich aus dem IGA und nicht aus den Final Regulations. Das Reporting erfolgt an eine offizielle Stelle des IGA Landes und nicht an das IRS. In der Version mit Reziprozität liefern auch die USA bestimmte Daten an das Vertragsland. Registrierte Institute werden als Reporting Model I FFI bezeichnet.

IGA II   Die FATCA Vorgaben ergeben sich aus den Final Regulations. Das Reporting erfolgt direkt an das IRS. Registrierte Institute werden als Reporting Model II FFI bezeichnet.

Indizien   An FATCA teilnehmende Institute müssen ihre Bestandskunden daraufhin überprüfen, ob sich im Kundenbestand U.S. Personen befinden. Diese geschieht u.a. durch elektronische Überprüfung der Kundenstammdaten, in dem nach festgelegten Indizien, z.B. U.S. Staatsangehörigkeit oder eine Telefonnummer in den USA, gesucht wird, die auf eine U.S. Person als Kontoinhaber oder wirtschaftlich Berechtigter hinweisen könnten.

IRS   Die amerikanische Finanzbehörde bzw. das U.S. Finanzamt. Das IRS ist ein Teil des U.S. Schatzamtes (U.S. Treasury).

NFFE   Alle Nicht-U.S. Einheiten, also Firmen und sonstige Rechtsgebilde, die auch keine Finanzinstitute sind, sind NFFE. NFFE werden unterteilt in ´active´ und ´passive´ NFFE. Die Unterscheidung ergibt sich aus dem Anteil (50%) an ´passiven´ Einkünften der Geschäftstätigkeit. Ein Beispiel für active NFFE wäre eine Bäckerei; ein Beispiel für eine passive NFFE ein Unternehmen zur Vereinnahmung von Lizenzgebühren.

NPFFI   Ein NPFFI ist ein Finanzinstitut, das nicht an FATCA teilnimmt. Ein NPFFI kommt in einem IGA Land praktisch nicht vor. In einem Nicht-IGA Land sind es Finanzinstitute, die sich nicht den FATCA Vorschriften unterwerfen können oder wollen, die sich nicht beim IRS regis-

triert haben bzw. kein FFI Agreement mit dem IRS einge-
gangen sind.

PFFI   Ein Finanzinstitut, das an FATCA teilnimmt und sich auf
dem IRS Portal registriert aber nicht in einem IGA Land
ansässig ist.

QI   Das Qualified Intermediary Programm war der
'Vorläufer' von FATCA. Teilnehmende Institute mussten
ab 2000 einen Vertrag (QI Agreement) mit dem IRS
schließen und sich zur Einhaltung der Vorgabe zur Kundendokumentation, Besteuerung von Wertpapiererträgen
und Reporting verpflichten.

Recalcitrant Ein sog. Widerspenstiger Kunde bzw. Kontoinhaber, bei
dem U.S. Indizien gefunden wurden, der sich gegenüber
einem Finanzinstitut aber nicht offenlegen will.

Literaturverzeichnis

Steve Fischer ´When the Mob ran Vegas´, 2005

G. Calvin Mackenzie + Robert Weisbrot ´The Liberal Hour´

Al Capone Trial (1931): An account by Douglas O. Linder – University of Missouri – Kansas City

Danksagung

Meinem Freund und Kollegen Mathias Koch danke ich für die Anmerkungen und Korrekturen zum Manuskript. Alle Fehler sind natürlich die Meinen.

Zeitfracht Medien GmbH
Ferdinand-Jühlke-Straße 7
99095 Erfurt, Deutschland
produktsicherheit@kolibri360.de